Comprendre les Calculs pour l'Entreprise : Du Calcul d'Achat au Chiffre d'Affaires

I0479293

KPINDOTCHIN CLÉOPÂTRE OUATTARA

<u>Disclaimer</u> :

Ce livre a pour objectif d'apporter des informations générales et pédagogiques sur les calculs et notions financières utiles à la gestion d'une   entreprise.
Les exemples, méthodes et explications présentés sont donnés à titre indicatif et ne constituent en aucun cas des conseils juridiques, fiscaux, comptables ou financiers personnalisés.

Chaque entreprise ayant ses spécificités, il est fortement recommandé de consulter un professionnel qualifié (expert-comptable, conseiller fiscal, juriste, etc.) avant toute prise de décision   importante.
L'auteur et l'éditeur déclinent toute responsabilité quant à l'utilisation qui pourrait être faite des informations contenues dans cet ouvrage.

Du même auteure

"Guide du Business Plan	"À la recherche du Masque Sacré"	"Paris Enchanté"	"Créer une Entreprise Individuelle"
"Le Business Model"	"Comprendre l'Éjaculation Précoce"	"Modèle de Business Plan à Remplir"	"Guide à l'Apprentissage de l'Anglais"

Comprendre les Calculs pour l'Entreprise : Du Calcul d'Achat au Chiffre d'Affaires

Créer un business, c'est anticiper l'inattendu. Ce livre vous arme contre les obstacles que tout entrepreneur doit affronter.

"Le succès en affaires n'est pas l'absence de défis, mais la capacité à les surmonter."

__Dédicace__

↳ À tous ceux qui hésitent à se lancer, et à tous les entrepreneurs du monde, je vous dédie cet ouvrage.

La répétition de certaines parties du livre est intentionnelle. Elle sert à vous faire découvrir les notions par le biais de différentes étapes, chaque concept venant renforcer les autres.

SOMMAIRE

Avant-propos

Le fonctionnement de l'entreprise est rythmé par les chiffres. Chaque décision, chaque stratégie ou opération, repose sur une compréhension plus ou moins fine des calculs qui traduisent la réalité économique. Derrière chaque facture, chaque commande, chaque vente, se cache une équation qui relie les ressources engagées aux résultats obtenus.

Nombreux sont les entrepreneurs, porteurs de projets ou même gestionnaires expérimentés qui avouent se sentir mal à l'aise face à ces notions. Les calculs d'achat, de coûts, de marges ou encore de chiffre d'affaires apparaissent souvent comme des domaines réservés aux experts-comptables et financiers. Cette situation entretient une distance entre ceux qui osent manipuler les chiffres et ceux qui, par appréhension, s'en détachent.

Or, comprendre ces calculs est une nécessité. Un entrepreneur qui sait interpréter et projeter ses chiffres dispose d'un atout majeur. Il peut anticiper ses besoins, mesurer ses performances et orienter ses décisions en toute conscience. Inversement, ignorer ces bases expose à des erreurs coûteuses et fatales pour l'entreprise.

Ce livre a été écrit avec l'ambition de **démystifier les calculs de l'entreprise**. Loin du jargon inaccessible, il se veut un guide clair, structuré et progressif, qui prend le lecteur par la main depuis les fondations. Le calcul d'achat jusqu'aux sommets de l'analyse, avec la compréhension du chiffre d'affaires et des résultats globaux.

L'approche est volontairement pédagogique. Chaque notion est expliquée avec des mots simples, appuyée par des exemples concrets issus de la réalité entrepreneuriale : la fixation d'un prix, la comparaison entre plusieurs fournisseurs, la détermination d'une marge bénéficiaire ou encore l'interprétation d'un tableau de ventes. Ces situations pratiques permettent de relier immédiatement la théorie aux enjeux du quotidien.

Cet ouvrage s'adresse à un large public :

Aux créateurs d'entreprise, qui y trouveront des repères indispensables pour établir un premier budget, fixer un prix ou projeter un chiffre d'affaires réaliste.

Aux dirigeants et gestionnaires, qui souhaitent renforcer leur maîtrise des chiffres afin de piloter plus efficacement leur activité.

Aux étudiants et curieux, désireux de comprendre l'essence des calculs financiers appliqués à l'entreprise, sans tomber dans la complexité inutile.

Précision : ce livre n'a pas vocation à remplacer le travail des professionnels de la comptabilité ou de la finance. Il constitue plutôt une **porte d'entrée**, un outil de compréhension et d'autonomie pour dialoguer plus facilement avec ces experts et prendre part activement aux choix stratégiques.

Ces pages, vous permettront de découvrir que derrière les équations se dessinent des réalités simples : **combien coûte réellement un produit ? Quelle marge dégage-t-on sur une vente ? Comment mesurer la rentabilité d'une activité ? Quelle est la signification exacte du chiffre d'affaires et comment en faire un véritable indicateur de performance ?**

Si ce livre parvient à vous donner confiance dans l'usage des chiffres, à éveiller votre curiosité pour la logique financière et à renforcer vos capacités de décision, alors son objectif sera atteint. Car, au fond, comprendre les calculs de l'entreprise, c'est apprendre à lire le langage universel qui gouverne le monde économique.

PARTIE 1 : Introduction

La gestion des coûts et des prix est un aspect important de la réussite de toute entreprise. Il est donc essentiel de comprendre comment calculer **le coût de production, le coût de revient, le prix de vente et le chiffre d'affaires** pour assurer la rentabilité à court et à long terme.

Dans ce livre, nous explorerons les différentes parties prenantes de la gestion des coûts et des prix, en commençant par **le calcul d'achat, le calcul du coût de revient, le calcul du prix de vente et le calcul du chiffre d'affaires.** Nous verrons également la gestion des coûts et des prix à long terme, de l'analyse des marges et de la rentabilité, **de l'optimisation des coûts et des prix, de la gestion des stocks et des approvisionnements.**

Dans la partie 2, nous nous concentrerons sur **le calcul d'achat,** qui consiste à déterminer le coût d'achat de chaque produit. Cela inclut non seulement **le prix d'achat de la matière première**, mais aussi **les coûts liés à l'approvisionnement,** tels que les frais de transport et les droits de douane.

La partie 3, aborde **le calcul du coût de revient,** qui est le coût total de production d'un produit, y compris les coûts directs et indirects tels que la main-d'œuvre, les frais généraux et les frais d'exploitation. Une fois que le coût de revient est calculé, il devient possible de déterminer un prix de vente compétitif pour chaque produit.

La partie 4, se concentrera sur **le calcul du prix de vente,** qui est la détermination du prix auquel le produit sera vendu pour générer un profit. Cela implique la prise en compte des coûts de production ainsi que des considérations de marché telles que la concurrence et la demande.

La partie 5, abordera **le calcul du chiffre d'affaires,** qui est la somme totale des ventes réalisées sur une période donnée. Le chiffre d'affaires est un élément clé pour comprendre la performance financière de l'entreprise.

La partie 6, couvrira **la gestion des coûts et des prix à long terme,** en examinant comment les fluctuations des coûts de production et des prix de vente peuvent affecter la rentabilité à long terme de l'entreprise.

La partie 7, abordera **l'analyse des marges et de la rentabilité,** en explorant les différentes mesures utilisées pour évaluer la performance financière de l'entreprise.

La partie 8, se concentrera sur **l'optimisation des coûts et des prix,** en examinant les stratégies qui peuvent être utilisées pour réduire les coûts de production tout en maintenant des marges bénéficiaires.

Enfin, la partie 9, abordera **la gestion des stocks et des approvisionnements,** qui est essentielle pour maintenir des niveaux de stock optimaux tout en évitant les coûts excessifs de surstockage ou de rupture de stock.

Enfin, les parties 2 à 9, fourniront une base solide pour développer une compréhension approfondie de chaque élément de ces calculs et pour appliquer ces connaissances à la gestion financière efficace de l'entreprise.

Chers amis lecteurs,

Merci d'avoir pris le temps de lire mon livre. Votre soutien et vos retours sont précieux. Si vous avez trouvé ce livre utile ou émouvant, je vous encourage à laisser un commentaire sur la page du produit où vous l'avez acheté. Votre avis peut aider d'autres personnes et faire connaître ce livre à un plus large public.

Merci de tout cœur,

Kpindotchin Cléopâtre Ouattara

academiecreateurs@gmail.com

Si vous avez des avis à me transmettre sur le sujet ou sur certains éléments du livre, n'hésitez pas à m'écrire à cette adresse email.

Vos retours pourront contribuer à diffuser le maximum d'informations.

PARTIE 2 : Le calcul d'achat

I. Introduction

Le calcul d'achat, une première étape dans la gestion des coûts et des prix d'une entreprise. Pour toute entreprise **qui achète des matières premières** ou **des produits finis** en vue de les revendre ou de les utiliser dans la fabrication de ses propres produits.

A. Définition du calcul d'achat

Le calcul d'achat est une méthode utilisée pour déterminer le coût d'acquisition des matières premières, des fournitures et des autres produits achetés par une entreprise pour la production de ses biens ou services.

Ce calcul permet de déterminer la dépense nécessaire pour l'approvisionnement en matières premières, afin de produire des produits finis en quantité suffisante pour répondre à la demande des clients. Il est donc une étape clé dans le processus de production.

B. L'enjeu des calculs des achats pour l'entreprise

Le calcul d'achat est fondamental pour toute entreprise qui achète des matières premières, des fournitures ou des produits finis auprès de fournisseurs. Il permet de déterminer **le coût d'acquisition** de ces biens et donc d'optimiser les achats en choisissant les fournisseurs les plus compétitifs.

En ayant une meilleure connaissance des coûts d'achat, l'entreprise peut également mieux négocier les prix avec ses fournisseurs, ce qui peut se traduire par des économies significatives sur le long terme.

De plus, le calcul d'achat permet de suivre l'évolution des coûts d'approvisionnement et d'anticiper les variations de prix sur le marché. Ce qui va permettre à l'entreprise de réagir rapidement et de prendre des décisions éclairées en matière d'achats.

Enfin, le calcul d'achat est un outil essentiel pour la gestion des achats et des approvisionnements d'une entreprise.

II. Les différentes étapes du calcul d'achat

Le processus de calcul d'achat comporte plusieurs étapes qui permettent de garantir que l'entreprise achète les produits ou les matières premières de manière efficace et économique. Ces étapes seront analysées ci-dessous.

A. La recherche de fournisseurs

La recherche de fournisseurs est **la première étape du calcul d'achat**. Elle consiste à identifier les fournisseurs potentiels capables de fournir les produits ou les matières premières dont l'entreprise a besoin. Pour cela, l'entreprise peut utiliser différents moyens tels que la recherche sur internet, les annuaires professionnels, les salons professionnels, les réseaux professionnels, ou encore les recommandations. L'objectif est de trouver des fournisseurs qui proposent des produits ou des matières premières de qualité, à des prix compétitifs et dans les délais souhaités.

B. L'évaluation des offres de fournisseurs

Cette étape du calcul d'achat consiste à évaluer les offres de fournisseurs. Permet de sélectionner le fournisseur qui offre **le meilleur rapport qualité-prix** pour les produits ou les matières premières que l'entreprise souhaite acheter.

L'évaluation des offres de fournisseurs se fait en comparant les différents devis proposés par les fournisseurs. Pour cela, il est important de prendre en compte plusieurs critères tels que le **prix, la qualité, les délais de livraison, les conditions de paiement, les garanties et les services après-vente proposés par le fournisseur.**

Il est également conseillé de demander des échantillons ou des prototypes afin de s'assurer de la qualité des produits ou des matières premières proposées par les fournisseurs. Cette étape peut prendre du temps, mais elle permet de faire le bon choix de fournisseur et d'optimiser les coûts d'achat pour l'entreprise.

C. La négociation avec les fournisseurs

Elle permet de discuter des prix et des conditions d'achat afin d'obtenir le meilleur rapport qualité-prix pour les produits ou matières premières nécessaires à l'entreprise.

Lors de cette étape, il est indispensable de connaître les besoins de l'entreprise et d'anticiper les éventuelles fluctuations de la demande, afin de négocier des prix avantageux à long terme. Il est également important de bien comprendre les offres des fournisseurs et de comparer les prix et les conditions proposées, pour éviter les coûts cachés ou les mauvaises surprises.

La négociation peut se faire par téléphone, par email ou en personne, selon les préférences de chacun. Il est important de rester courtois et respectueux tout en étant ferme sur ses besoins et ses exigences. La négociation peut également être l'occasion de **discuter de la qualité des produits et des délais de livraison**, afin d'assurer une bonne collaboration à long terme avec le fournisseur.

D. L'achat de produits ou de matières premières

La dernière étape du calcul d'achat consiste à effectuer l'achat des produits ou des matières premières nécessaires à l'entreprise. Cette étape est **souvent la plus simple et la plus rapide,** car les étapes précédentes ont permis d'identifier les fournisseurs les plus compétitifs et de négocier les meilleures conditions d'achat.

L'achat doit être effectué dans le respect des délais et des quantités prévus, afin de ne pas perturber la production ou la vente des produits finis. Il faudra suivre les commandes et les livraisons pour éviter les retards ou les erreurs dans les stocks.

Enfin, il est essentiel de **conserver les documents relatifs aux achats**, tels que les factures, les bons de commande et les bons de livraison, pour une gestion efficace des coûts et une traçabilité des produits. Ces documents permettent également de vérifier la conformité des produits reçus par rapport aux commandes passées.

III. Les différents coûts à prendre en compte dans le calcul d'achat

Dans le processus de calcul d'achat, les coûts liés à l'acquisition des produits ou des matières premières sont à prendre en compte. Ces coûts peuvent être divisés en deux catégories principales : **les coûts directs et les coûts indirects.**

A. Les coûts directs

Les coûts directs sont des coûts liés directement à l'achat des produits ou des matières premières. Ils comprennent le prix d'achat, les frais de transport, les frais de douane, les frais d'assurance, les frais de stockage, etc. Tous ces coûts doivent être pris en compte dans le calcul d'achat pour avoir une vue complète et précise des coûts réels liés à l'acquisition des produits ou des matières premières.

B. Les coûts indirects

Les coûts indirects sont des coûts qui **ne sont pas directement liés à l'achat des produits ou des matières premières,** mais qui doivent néanmoins être pris en compte dans le calcul d'achat. Ces coûts comprennent les coûts de la gestion des stocks, les coûts de la qualité, les coûts liés à l'administration, etc. Ces coûts indirects peuvent avoir un impact important sur le coût total d'acquisition des produits ou des matières premières et doivent donc être pris en compte dans le calcul d'achat.

L'entreprise pourra déterminer le coût réel d'acquisition de ses produits ou de ses matières premières si elle prend en compte ces coûts et ainsi prendre des décisions éclairées quant à la gestion de ses achats.

Ce sont :
Les frais de transport et de livraison

1. Les frais de transport et de livraison, sont des frais qui peuvent varier en fonction de la distance entre le fournisseur et l'entreprise, du poids des produits achetés et des modalités de livraison (express, standard, etc.). Il est important d'estimer avec précision ces frais pour avoir une idée du coût total de l'achat.

Les frais de transport et de livraison peuvent être négociés avec le fournisseur lors de la phase de négociation.

Les frais de douane et de dédouanement

Les frais de douane et de dédouanement sont des coûts à prendre en compte dans le calcul d'achat lorsque les produits ou les matières premières sont **importés depuis un pays étranger.** Ils peuvent représenter une part importante du coût total de l'achat, en particulier lorsque les produits sont soumis à des droits de douane élevés. **Les frais de dédouanement comprennent également les frais administratifs liés à la réalisation des formalités douanières nécessaires à l'importation des produits.**

Les frais de stockage et de manutention

Les frais de stockage et de manutention sont des coûts associés à la gestion des stocks de produits ou de matières premières. **Ils incluent les coûts de location ou d'achat d'un entrepôt pour stocker les produits,** ainsi que **les coûts de main-d'œuvre pour manipuler et déplacer les produits.** Les frais de stockage et de manutention peuvent varier en fonction de la taille et du poids des produits, ainsi que de la durée de stockage nécessaire avant la vente ou la transformation des matières premières.

Le fait de prendre en compte ces différents coûts, le calcul d'achat permet de déterminer le coût réel d'achat des produits ou des matières premières pour l'entreprise, ce qui est essentiel pour évaluer la rentabilité de l'activité.

IV. Les outils à disposition pour faciliter le calcul d'achat

Lorsqu'une entreprise souhaite optimiser sa gestion d'approvisionnement, il existe plusieurs outils qui peuvent l'aider à faciliter le calcul d'achat.

A. Les logiciels de gestion de stock et d'approvisionnement

Les logiciels de gestion de stock et d'approvisionnement sont des outils informatiques qui permettent de suivre et d'optimiser les niveaux de stock et les processus d'approvisionnement. Ils offrent une vue d'ensemble des stocks disponibles, des commandes en cours, des délais de livraison, des niveaux de demande et des coûts associés.

Ces logiciels sont particulièrement utiles pour les entreprises qui ont une grande quantité de stocks à gérer ou qui ont besoin de faire des approvisionnements fréquents. Ils peuvent également aider à identifier les fournisseurs les plus fiables et les plus rentables, ainsi qu'à automatiser les processus d'achat pour réduire les coûts et améliorer l'efficacité.

Les logiciels de gestion de stock et d'approvisionnement peuvent être personnalisés en fonction des besoins de chaque entreprise, en fonction de leur secteur d'activité, de la taille de leur entreprise et de leurs processus d'approvisionnement. Certains de ces logiciels peuvent également être intégrés à d'autres systèmes de gestion d'entreprise tels que les logiciels de comptabilité et les systèmes de planification des ressources de l'entreprise (**ERP**).

B. Les indicateurs de performance pour mesurer l'efficacité du processus d'achat

Les indicateurs de performance sont des outils qui permettent de mesurer l'efficacité du processus d'achat et de suivre les performances de l'entreprise. D'identifier les opportunités d'amélioration et de prendre des décisions éclairées en matière d'achat.

Identifiez des indicateurs de performance couramment utilisés :

Le taux de service : cet indicateur mesure la capacité de l'entreprise à satisfaire les demandes de ses clients. Il est calculé en comparant le nombre de commandes satisfaites au nombre de commandes totales.

Le taux de rupture de stock : cet indicateur mesure le pourcentage de commandes qui ne peuvent être satisfaites en raison d'une rupture de stock. Il est important de surveiller ce taux car les ruptures de stock peuvent avoir des répercussions négatives sur la satisfaction des clients.

Le délai de livraison : cet indicateur mesure le temps nécessaire pour recevoir les produits ou matières premières commandés. Il est nécessaire de surveiller ce délai car il peut avoir un impact sur la capacité de l'entreprise à livrer ses produits dans les délais impartis.

Le coût d'achat : cet indicateur mesure le coût total d'achat des produits ou matières premières, y compris les frais de transport, de stockage, de manutention et de douane. Il est important de surveiller ce coût car il peut avoir un impact sur la rentabilité de l'entreprise.

Le fait d'utiliser ces indicateurs de performance, les entreprises peuvent mesurer l'efficacité de leur processus d'achat et identifier les opportunités d'amélioration pour maximiser leur rentabilité.

V. Conclusion

L'efficacité du processus d'achat peut être mesurée à l'aide d'indicateurs de performance et de logiciels de gestion. Le calcul d'achat est également étroitement lié au calcul de coût de revient, qui sera exploré dans la partie suivante du livre.

A. Les points clés de la partie 2

Cette section a traité du calcul d'achat, une étape essentielle dans la gestion des approvisionnements et des coûts pour une entreprise. Le processus englobe plusieurs phases, telles que la recherche de fournisseurs, l'évaluation des offres, la négociation des conditions et l'achat de produits ou de matières premières. Les différents coûts à prendre en compte, comme les frais de transport, de livraison, de douane, de dédouanement, ainsi que les frais de stockage et de manutention, ont également été abordés. Enfin, les outils disponibles, tels que les logiciels de gestion de stock et d'approvisionnement, ainsi que les indicateurs de performance pour évaluer l'efficacité du processus d'achat, ont été présentés.

B. Le lien entre le calcul d'achat et le calcul de coût de revient

Le calcul d'achat est étroitement lié au calcul de coût de revient, qui est la prochaine étape logique dans la gestion des coûts de l'entreprise. En effet, le calcul de coût de revient permet de déterminer le coût total d'un produit, y compris le coût d'achat des matières premières ou des produits finis. Ainsi, une fois que le coût d'achat des matières premières ou des produits finis est connu grâce au calcul d'achat, il peut être utilisé dans le calcul de coût de revient pour déterminer le coût total de production d'un produit. *Cette étape est nécessaire pour déterminer le prix de vente optimal d'un produit, car elle permet de s'assurer que le prix de vente couvre tous les coûts liés à sa production.*

En outre, le calcul de coût de revient permet également d'identifier les coûts non productifs, tels que les coûts liés aux équipements, à la main-d'œuvre et aux frais généraux, qui doivent être pris en compte pour déterminer la rentabilité de l'entreprise. Ainsi, la gestion efficace du calcul d'achat est essentielle pour assurer la rentabilité et la croissance à long terme de l'entreprise.

PARTIE 3 : Le calcul du coût de revient

I. Introduction

La gestion des coûts de revient permet à toute entreprise qui souhaite maximiser ses bénéfices et rester compétitive sur le marché. Pour ce faire, l'entreprise doit calculer le coût de revient de chaque produit ou service proposé par l'entreprise.

A. Définition du coût de revient

Le coût de revient représente l'ensemble des charges nécessaires pour produire un bien ou un service. Il s'agit du coût total des matières premières, des frais de personnel, des charges liées à la production et à la distribution, ainsi que des amortissements.
Le calcul du coût de revient permet aux entreprises de connaître le coût unitaire de production de chaque produit ou service afin de déterminer le prix de vente optimal et de maximiser leur rentabilité.

B. Nécessité du calcul du coût de revient pour l'entreprise

Il permet de déterminer le coût réel de production d'un produit ou d'un service, en prenant en compte l'ensemble des charges qui y sont associées. Cette information est cruciale pour l'entreprise, car elle lui permet de fixer un prix de vente compétitif, de connaître sa marge bénéficiaire, d'optimiser sa rentabilité et de prendre des décisions éclairées en matière d'investissement. Le calcul du coût de revient est indispensable pour la gestion de l'entreprise et sa pérennité.

II. Les différentes étapes du calcul du coût de revient

Il faut identifier les différentes étapes nécessaires pour calculer le coût de revient d'un produit ou d'un service, notamment examiner les coûts directs et indirects qui doivent être pris en compte, ainsi que la manière de calculer le coût de revient unitaire.

A. La prise en compte des coûts directs

Les coûts directs sont les coûts qui peuvent être directement associés à la production d'un produit ou d'un service.

Les coûts directs comprennent :

Les coûts d'achat de matières premières ou de produits finis : ce sont les coûts liés à l'achat des matières premières ou des produits finis nécessaires à la production. Ils incluent les coûts d'achat, les frais de transport et de livraison, ainsi que les coûts de stockage.

Les coûts de main-d'œuvre directe : il s'agit des coûts liés à la main-d'œuvre nécessaire à la production d'un produit. Ces coûts comprennent les salaires, les charges sociales, les primes, etc.

B. La prise en compte des coûts indirects

Les coûts indirects sont des coûts qui ne peuvent pas être directement associés à la production d'un produit ou d'un service.

Les coûts indirects comprennent :

Les coûts indirects de production : ce sont les coûts liés à la production d'un produit qui ne peuvent pas être directement associés à la main-d'œuvre ou aux matières premières. Ils incluent par exemple les frais de maintenance des machines, les coûts de location des locaux de production, les coûts de l'électricité, etc.

Les coûts indirects de distribution : il s'agit des coûts liés à la distribution d'un produit. Ces coûts comprennent les frais de transport et de livraison, les frais de stockage, les coûts de marketing, etc.

C. Le calcul du coût de revient unitaire

Le coût de revient unitaire est le coût total de production d'un produit divisé par le nombre d'unités produites. Le calcul du coût de revient unitaire permet à l'entreprise de déterminer le prix de vente de son produit en prenant en compte tous les coûts liés à sa production.

Le calcul du coût de revient unitaire est donc essentiel pour l'entreprise car il permet de fixer un prix de vente qui assure la rentabilité de l'entreprise tout en restant compétitif sur le marché.

III. Les méthodes de calcul du coût de revient

A. La méthode des coûts complets

Cette méthode prend en compte l'ensemble des coûts directs et indirects de production pour déterminer le coût de revient d'un produit.

Elle permet une évaluation précise du coût de revient unitaire d'un produit, mais peut être complexe à mettre en place et à suivre, surtout pour les entreprises qui produisent une grande variété de produits.

B. La méthode des coûts partiels

Cette méthode ne prend en compte que les coûts variables de production, c'est-à-dire les coûts qui varient en fonction du niveau d'activité de l'entreprise.

Elle est souvent utilisée pour les entreprises qui produisent des produits standardisés en grande quantité. Elle permet une évaluation rapide du coût de revient d'un produit, mais peut conduire à des erreurs d'estimation si les coûts fixes ne sont pas pris en compte.

C. Comparaison des deux méthodes

Les deux méthodes ont leurs avantages et inconvénients. La méthode des coûts complets permet une évaluation précise du coût de revient unitaire d'un produit, mais peut être complexe à mettre en place et à suivre.

La méthode des coûts partiels est plus simple à mettre en place et à suivre, mais peut conduire à des erreurs d'estimation si les coûts fixes ne sont pas pris en compte. Le choix de la méthode dépend de la nature de l'activité de l'entreprise et de la variété de ses produits.

IV. Les enjeux du calcul du coût de revient

A. Aide à la prise de décision

Le calcul du coût de revient permet de déterminer le prix de vente optimal d'un produit en prenant en compte tous les coûts directs et indirects liés à sa production.

Cela permet de déterminer le seuil de rentabilité, c'est-à-dire le chiffre d'affaires minimum nécessaire pour couvrir tous les coûts et commencer à réaliser des bénéfices.

En connaissant le coût de revient d'un produit, l'entreprise peut également évaluer la rentabilité de différentes options d'investissement ou de projets de développement.

B. Évaluation de la rentabilité d'un produit ou d'une activité

Le calcul du coût de revient permet d'évaluer la rentabilité d'un produit ou d'une activité en comparant le coût de revient à son prix de vente.

Si le prix de vente est inférieur au coût de revient, cela signifie que l'activité ou le produit n'est pas rentable. En revanche, si le prix de vente est supérieur au coût de revient, cela permet à l'entreprise de dégager des bénéfices.

C. Optimisation des coûts

Le calcul du coût de revient permet d'identifier les coûts les plus importants liés à la production d'un produit ou d'une activité. Cela va permettre à l'entreprise de mettre en place des actions visant à réduire ces coûts, comme la recherche de fournisseurs moins chers, l'optimisation des processus de production, ou la réduction des déchets.

L'optimisation des coûts permet de maximiser les marges bénéficiaires de l'entreprise.

V. Conclusion

A. Points clés

Le coût de revient représente l'ensemble des coûts engagés par l'entreprise pour produire un bien ou un service. Il permet d'évaluer la rentabilité d'un produit ou d'une activité, d'aider à la prise de décision et d'optimiser les coûts.

Les différentes étapes du calcul du coût de revient comprennent la prise en compte des coûts directs **(coûts d'achat de matières premières ou de produits finis, coûts de main-d'œuvre directe)** et des coûts indirects **(coûts indirects de production et de distribution)**, ainsi que le calcul du coût de revient unitaire.

Les méthodes de calcul du coût de revient incluant la méthode des coûts complets et la méthode des coûts partiels.

B. Le lien entre le calcul de coût de revient et le calcul du coût de vente

Le calcul de coût de revient est une analyse financière qui permet de déterminer le coût total de production d'un produit ou d'un service, en prenant en compte tous les coûts associés à la production, tels que les coûts des matières premières, de la main-d'œuvre, des équipements et des frais généraux.

Le calcul du coût de vente, quant à lui, est une étude qui permet de déterminer le prix de vente optimal d'un produit ou d'un service, en prenant en compte les coûts de production ainsi que les objectifs de rentabilité et les stratégies de marketing de l'entreprise.

Le lien entre le calcul de coût de revient et le calcul de coût de vente est donc évident : pour déterminer le prix de vente optimal d'un produit ou d'un service, il est essentiel de connaître le coût total de production de celui-ci. En effet, si le prix de vente est inférieur au coût de revient, l'entreprise subira une perte financière sur chaque unité vendue. En revanche, si le prix de vente est supérieur au coût de revient, l'entreprise pourra réaliser un bénéfice.

Ainsi, le calcul de coût de revient est un élément à prendre en compte dans le processus de détermination du prix de vente, et les deux analyses sont étroitement liées dans la gestion financière de l'entreprise.

PARTIE 4 : Le calcul du prix de vente

I. Introduction

Lorsqu'une entreprise fixe son prix de vente, elle doit prendre en compte de nombreux facteurs pour s'assurer de sa rentabilité tout en restant compétitive sur le marché. Le calcul du prix de vente est donc une étape de la gestion financière d'une entreprise.

Il est nécessaire de déterminer un prix qui permette de couvrir les coûts de production et de réaliser un bénéfice suffisant pour assurer le développement de l'entreprise.

Cette partie va donc aborder les différents éléments à prendre en compte pour calculer le prix de vente, les méthodes de calcul possibles, les facteurs qui influencent le prix de vente et l'importance de la flexibilité pour s'adapter aux fluctuations du marché.

II. Les éléments à prendre en compte pour calculer le prix de vente

Les éléments à prendre en compte pour calculer le prix de vente permettent de détailler les différents éléments qui doivent être pris en compte pour fixer un prix rentable.

Elle peut être développée ainsi :

A. Le coût de revient unitaire : définition et calcul.

Le coût de revient unitaire correspond à la somme de tous les coûts engagés pour produire une unité de produit ou de service. Il inclut les coûts directs (**matières premières, main-d'œuvre directe,** énergie) et les coûts indirects (**amortissements, charges fixes, frais généraux**).

B. La marge bénéficiaire souhaitée : objectifs et facteurs à prendre en compte.

La marge bénéficiaire souhaitée correspond au bénéfice que l'entreprise souhaite réaliser sur chaque unité vendue. Elle doit être suffisante pour couvrir les frais fixes et générer un bénéfice raisonnable. **La marge bénéficiaire dépend de plusieurs facteurs tels que la stratégie de l'entreprise, la concurrence sur le marché, la demande et l'offre, ainsi que les coûts de production.**

Le fait de prendre en compte tous ces éléments, l'entreprise peut déterminer le prix de vente qui lui permettra de couvrir ses coûts de production tout en générant un bénéfice suffisant.

Cependant, cette méthode ne prend pas en compte la concurrence sur le marché et peut donc être limitée. D'autres méthodes de calcul du prix de vente existent, elles seront présentées dans la section suivante.

III. Les méthodes de calcul du prix de vente

Les méthodes de calcul du prix de vente présentent les différentes méthodes qui peuvent être utilisées pour déterminer un prix de vente rentable.

A. La méthode du coût plus la marge : calcul détaillé et exemples.

La méthode du coût plus la marge consiste à ajouter à chaque unité produite le coût de revient unitaire ainsi qu'une marge bénéficiaire souhaitée.

31

Cette méthode permet de prendre en compte les coûts de production de l'entreprise tout en assurant un bénéfice suffisant.

Le calcul du prix de vente peut être effectué ainsi :

Prix de vente = coût de revient unitaire + marge bénéficiaire souhaitée

Exemple : Une entreprise produit des bijoux à partir de matériaux bruts. Le coût de revient unitaire de chaque bijou est de **10€**, l'entreprise souhaite réaliser une marge bénéficiaire de **30%**. Le prix de vente sera donc de :

Prix de vente = 10€ + (10€ x **30%**) = 13€

B. La méthode du markup : définition et exemples.

La méthode du markup consiste à appliquer un coefficient multiplicateur au coût de revient unitaire pour déterminer le prix de vente.

Ce coefficient correspond à la marge bénéficiaire souhaitée, exprimée en pourcentage, plus **100%**. Le calcul du prix de vente peut être effectué ainsi :

Prix de vente = coût de revient unitaire x (1 + (marge bénéficiaire souhaitée / 100))

Exemple : Une entreprise produit des vêtements. Le coût de revient unitaire d'une chemise est de 20€, l'entreprise souhaite réaliser une **marge bénéficiaire de 40%**. Le coefficient multiplicateur sera donc de 1,4. Le prix de vente sera donc de :

Prix de vente = 20€ x 1,4 = **28€**

C. La méthode de la concurrence : définition et limites.

La méthode de la concurrence consiste à fixer le prix de vente en fonction des prix pratiqués par les concurrents sur le marché.

Cette méthode peut être utile pour se positionner par rapport à la concurrence, mais ne prend pas en compte les coûts de production de l'entreprise.

Elle peut également conduire à une guerre des prix nuisible pour la rentabilité de l'entreprise.

En utilisant ces différentes méthodes, l'entreprise peut déterminer le prix de vente qui lui permettra de couvrir ses coûts de production tout en réalisant un bénéfice suffisant. Cependant, d'autres facteurs doivent être pris en compte, ils seront abordés dans la section suivante.

IV. Les facteurs influençant le prix de vente

A. Les facteurs internes à l'entreprise

Coûts de production, politique de prix, image de marque, etc.

Les facteurs internes à l'entreprise peuvent influencer le prix de vente d'un produit.

Quelques exemples :

Les coûts de production : les coûts de production de l'entreprise peuvent influencer directement le prix de vente du produit. Si les coûts de production sont élevés, l'entreprise devra pratiquer des prix plus élevés pour réaliser un bénéfice.

La marge bénéficiaire souhaitée : l'entreprise peut avoir une marge bénéficiaire cible à atteindre pour réaliser ses objectifs financiers. Cette marge bénéficiaire peut influencer le prix de vente du produit.

Les investissements à venir : si l'entreprise prévoit des investissements importants dans l'avenir, elle peut être tentée de pratiquer des prix plus élevés pour générer plus de revenus et financer ces investissements.

La stratégie de l'entreprise : la stratégie de l'entreprise peut également influencer le prix de vente. Par exemple, si l'entreprise vise à se positionner sur un marché haut de gamme, elle devra pratiquer des prix plus élevés pour justifier la qualité de ses produits.

La gestion des stocks : la gestion des stocks peut également influencer le prix de vente. Si l'entreprise a des stocks importants, elle peut être tentée de pratiquer des prix plus bas pour écouler ses stocks.

En résumé, les facteurs internes à l'entreprise peuvent avoir un impact important sur le prix de vente. Il est donc important pour l'entreprise de les prendre en compte lors de la détermination du prix de vente de ses produits.

B. Les facteurs externes à l'entreprise : concurrence, réglementation, fluctuations du marché, etc.

Les facteurs externes à l'entreprise peuvent également influencer le prix de vente d'un produit.

Voir des exemples :

La concurrence : la concurrence est un facteur important qui peut influencer le prix de vente. Si les concurrents pratiquent des prix plus bas, l'entreprise doit soit s'aligner sur ces prix, *soit justifier la différence de prix par une qualité supérieure ou un service client exceptionnel.*

La réglementation : la réglementation peut également influencer le prix de vente.

Par exemple, si l'entreprise doit respecter des normes environnementales ou de sécurité, cela peut entraîner des coûts supplémentaires qui doivent être pris en compte dans le prix de vente.

Les fluctuations du marché : les fluctuations du marché, notamment en termes d'offre et de demande, peuvent également influencer le prix de vente.

Par exemple, si l'offre est faible et la demande élevée, l'entreprise peut être tentée de pratiquer des prix plus élevés pour maximiser ses bénéfices.

Les coûts de transport et de logistique : les coûts de transport et de logistique peuvent également influencer le prix de vente.

Si l'entreprise doit transporter ses produits sur de longues distances, cela peut entraîner des coûts supplémentaires qui doivent être pris en compte dans le prix de vente.

Les tendances du marché : les tendances du marché peuvent également influencer le prix de vente.

Par exemple, si les consommateurs sont prêts à payer plus cher pour des produits écologiques ou équitables, l'entreprise peut être tentée de pratiquer des prix plus élevés pour répondre à cette demande.

Les facteurs externes à l'entreprise peuvent avoir un impact important sur le prix de vente.

V. Conclusion

Éléments clés à prendre en compte pour calculer le prix de vente.

Les points importants :

Les coûts de production : il est important de calculer **les coûts directs** *(matières premières, main-d'œuvre)* et **les coûts indirects (frais généraux)** pour déterminer le coût total de production.

Les marges bénéficiaires : une entreprise doit déterminer le niveau de rentabilité qu'elle souhaite atteindre et inclure une marge bénéficiaire dans le prix de vente.

Les méthodes de calcul du prix de vente : les méthodes les plus courantes sont la méthode du coût plus la marge, la méthode du markup et la méthode de la concurrence.

Les facteurs externes : la concurrence, la réglementation, les tendances du marché et les coûts de transport et de logistique sont des facteurs externes qui peuvent avoir un impact sur le prix de vente.

La flexibilité et l'adaptation : une entreprise doit être prête à ajuster son prix de vente en fonction des évolutions du marché pour rester compétitive.

En prenant en compte tous ces éléments, une entreprise peut déterminer un prix de vente optimal qui lui permettra d'atteindre ses objectifs de rentabilité tout en restant compétitive sur le marché.

Importance de la flexibilité et de l'adaptation dans un environnement économique en constante évolution.

L'importance de la flexibilité et de l'adaptation dans un environnement économique en constante évolution est cruciale pour le succès d'une entreprise. Les changements dans l'environnement économique, qu'ils soient dus à des facteurs externes tels que la concurrence ou des facteurs internes tels que l'innovation, peuvent avoir un impact significatif sur les prix de vente. Une entreprise qui est capable de s'adapter rapidement aux changements de l'environnement économique sera mieux équipée pour rester compétitive sur le marché.

Par exemple, si un concurrent baisse ses prix, une entreprise doit être en mesure de réduire rapidement ses propres prix pour éviter de perdre des parts de marché.

De plus, la flexibilité et l'adaptation sont également importantes pour répondre aux évolutions des préférences des clients. Les tendances du marché et les préférences des clients évoluent constamment, et les entreprises doivent être en mesure d'ajuster leur stratégie de prix en fonction de ces changements pour répondre aux besoins de leurs clients.

Enfin, la flexibilité et l'adaptation sont importantes pour anticiper et répondre aux changements réglementaires. Les changements dans la réglementation peuvent avoir un impact sur les coûts de production, ce qui peut affecter le prix de vente. Les entreprises doivent être en mesure d'anticiper ces changements et de s'adapter en conséquence pour minimiser l'impact sur leur rentabilité. La flexibilité et l'adaptation sont essentielles pour rester compétitif dans un environnement économique en constante évolution. Les entreprises qui sont capables de s'adapter rapidement aux changements de l'environnement économique seront mieux équipées pour réussir sur le marché et atteindre leurs objectifs de rentabilité.

Le calcul du prix de vente est un élément important de la stratégie commerciale d'une entreprise. Il est nécessaire de prendre en compte les coûts de production, les marges bénéficiaires, les éléments concurrentiels et réglementaires, ainsi que les fluctuations du marché pour déterminer un prix de vente optimal.

Les méthodes de calcul du prix de vente les plus courantes sont **la méthode du coût plus la marge, la méthode du markup et la méthode de la concurrence.** Chacune de ces méthodes a ses avantages et ses limites et doit être utilisée en fonction de la situation de l'entreprise et de ses objectifs.

En résumé, le calcul du prix de vente est un processus complexe qui nécessite une analyse approfondie des coûts, *de la concurrence et des facteurs externes.* Une entreprise qui prend en compte tous ces éléments et qui est capable de s'adapter rapidement aux changements de l'environnement économique sera mieux équipée pour réussir dans un marché en constante évolution.

Chers amis lecteurs,

Merci d'avoir pris le temps de lire mon livre. Votre soutien et vos retours sont précieux. Si vous avez trouvé ce livre utile ou émouvant, je vous encourage à laisser un commentaire sur la page du produit où vous l'avez acheté. Votre avis peut aider d'autres personnes et faire connaître ce livre à un plus large public.

Merci de tout cœur,

Kpindotchin Cléopâtre Ouattara

academiecreateurs@gmail.com

Si vous avez des avis à me transmettre sur le sujet ou sur certains éléments du livre, n'hésitez pas à m'écrire à cette adresse email.

Vos retours pourront contribuer à diffuser le maximum d'informations.

PARTIE 5 : Le calcul du chiffre d'affaires

I. Introduction

La gestion d'une entreprise nécessite une connaissance approfondie de ses indicateurs financiers, dont le chiffre d'affaires (**CA**) qui permet aux dirigeants de mesurer la performance commerciale de leur entreprise et de prendre des décisions éclairées pour l'avenir.

A. Définition du chiffre d'affaires

Le chiffre d'affaires (CA) représente le montant total des ventes réalisées par l'entreprise sur une période donnée. Il s'agit d'un indicateur de la performance commerciale d'une entreprise, *calculé en multipliant le prix de vente unitaire par le nombre d'unités vendues.*

Le chiffre d'affaires peut être calculé pour une journée, une semaine, un mois, un trimestre ou une année.

Il ne représente pas le bénéfice de l'entreprise, car il ne tient pas compte des coûts associés à la production et à la vente des produits ou services.

Le chiffre d'affaires est donc un indicateur de la taille de l'activité de l'entreprise, mais pas de sa rentabilité.

B. Intérêt du calcul du chiffre d'affaires

Le calcul du chiffre d'affaires est un guide de la performance commerciale d'une entreprise. Il permet aux dirigeants de mesurer la croissance de leur activité et de prendre des décisions éclairées pour l'avenir.

Identifiez les raisons pour lesquelles le calcul du chiffre d'affaires est important :

Mesure de la performance commerciale : le chiffre d'affaires permet de mesurer l'évolution des ventes de l'entreprise au fil du temps. Le fait de comparer le chiffre d'affaires d'une période à l'autre, les dirigeants peuvent identifier les tendances de vente et prendre des décisions en conséquence.

Analyse des coûts : Le chiffre d'affaires permet également d'analyser les coûts associés à la production et à la vente des produits ou services de l'entreprise. La comparaison des chiffres d'affaires et des coûts, informe et aide les dirigeants à évaluer la rentabilité de leur entreprise.

Évaluation de la croissance : le chiffre d'affaires est un indicateur de la croissance de l'entreprise. Calculer le taux de croissance du chiffre d'affaires, les dirigeants peuvent évaluer la performance de leur entreprise par rapport à celle de leurs concurrents.

Prise de décisions : le chiffre d'affaires est un outil qui peut être nécessaire pour la prise de décisions. Il permet aux dirigeants de déterminer les investissements nécessaires pour développer leur entreprise et de planifier leurs activités commerciales en conséquence.

II. Les éléments à prendre en compte pour calculer le chiffre d'affaires

Le calcul du chiffre d'affaires peut sembler simple, mais il y a plusieurs éléments à prendre en compte pour arriver à un résultat précis.

A. Les ventes

Les ventes sont à prendre en compte pour calculer le chiffre d'affaires. Il s'agit du montant total des produits ou services vendus par l'entreprise au cours d'une période donnée, généralement **un mois, un trimestre ou une année.**

Pour calculer les ventes, l'entreprise doit **tenir compte de toutes les transactions de vente qu'elle a effectuées,** qu'il s'agisse de ventes en ligne, en magasin ou par l'intermédiaire d'autres canaux de vente.

Noter que le chiffre d'affaires ne prend en compte que les ventes réellement effectuées, et non les commandes en attente ou les ventes futures qui n'ont pas encore été finalisées.

Il est donc essentiel que l'entreprise dispose d'un système de suivi précis pour toutes les ventes effectuées, afin de calculer avec précision le chiffre d'affaires pour une période donnée.

Il faut également noter que le montant total des ventes peut varier en fonction de nombreux facteurs, tels que la saisonnalité, les tendances du marché, la concurrence, les actions promotionnelles, etc. C'est pourquoi, suivre régulièrement les ventes et analyser les tendances va aider à ajuster les stratégies de vente en conséquence.

B. Les remises, rabais et ristournes

Les remises, rabais et ristournes doivent être pris en compte pour calculer le chiffre d'affaires.

Les remises sont des réductions accordées aux clients en fonction de certains critères, tels que le volume d'achat ou le paiement anticipé. Les remises sont généralement exprimées en pourcentage et sont déduites du prix de vente initial.

Par exemple, si le prix initial est de 100 € et que le client bénéficie d'une remise de 10%, le prix final sera de 90 €.

Les rabais sont des réductions accordées aux clients en raison de défauts mineurs ou de problèmes de qualité avec les produits vendus. Ils sont généralement exprimés en montant fixe et sont déduits du prix de vente initial.

Les ristournes sont des réductions accordées aux clients en fonction du montant total des achats effectués sur une période donnée. Elles sont généralement exprimées en pourcentage et sont accordées après que le client a atteint un certain seuil d'achats.

Ces éléments doivent être pris en compte pour calculer le chiffre d'affaires, car ils réduisent effectivement le montant total des ventes de l'entreprise.

Les remises, rabais et ristournes doivent être enregistrés séparément pour permettre un suivi précis des ventes et de la marge bénéficiaire.

C. Les retours sur ventes

Les retours sur ventes ou les annulations de ventes sont les retours sur ventes, correspondent aux ventes qui ont été annulées ou retournées par les clients.

Ces retours peuvent être causés par des défauts du produit, une erreur de commande, un problème de livraison ou tout autre problème lié à la vente. Ils doivent être enregistrés séparément pour permettre un suivi précis des ventes et de la marge bénéficiaire.

Les annulations de ventes correspondent aux ventes qui ont été annulées avant leur réalisation. Ces annulations peuvent être causées par des annulations de commandes, des problèmes de paiement, ou tout autre problème lié à la vente.

Il faudra tenir compte des retours sur ventes et des annulations de ventes pour calculer le chiffre d'affaires, car ces éléments réduisent le montant total des ventes de l'entreprise. Ils doivent être pris en compte pour obtenir une image précise de la performance de l'entreprise.

D. Les annulations de ventes

Les annulations de ventes correspondent aux ventes qui ont été annulées avant leur réalisation.

Ces annulations peuvent être causées par des annulations de commandes, des problèmes de paiement, ou tout autre problème lié à la vente.

Le fait de prendre en compte les annulations de ventes pour calculer le chiffre d'affaires, peuvent avoir un impact significatif sur le montant total des ventes de l'entreprise. Les annulations de ventes peuvent être enregistrées dans un compte séparé pour permettre un suivi précis de leur montant et de leur impact sur le chiffre d'affaires de l'entreprise.

Ilya une nécessité de comprendre les raisons des annulations de ventes afin de prendre des mesures pour les éviter à l'avenir.

Par exemple, si les annulations sont principalement dues à des problèmes de paiement, l'entreprise peut envisager d'offrir des options de paiement plus flexibles pour éviter les annulations futures.

Pour finir, les annulations de ventes doivent être prises en compte pour calculer le chiffre d'affaires, car elles peuvent avoir un impact significatif sur les résultats financiers de l'entreprise.

III. Les méthodes de calcul du chiffre d'affaires

Le chiffre d'affaires représente le montant total des ventes réalisées par l'entreprise sur une période donnée. Il permet d'évaluer la performance commerciale d'une entreprise et aide à prendre des décisions stratégiques.

A. La méthode des quantités vendues

La méthode des quantités vendues consiste à multiplier la quantité de produits ou de services vendus par leur prix unitaire.

Par exemple, si une entreprise vend 100 produits au prix unitaire de 10 euros, son chiffre d'affaires sera de 1000 euros (100 produits x 10 euros).

Cette méthode est simple à mettre en œuvre pour des entreprises qui vendent un nombre limité de produits ou de services. Cependant, pour des entreprises qui ont une gamme de produits ou de services plus importante, il peut être nécessaire d'utiliser d'autres méthodes pour calculer le chiffre d'affaires.

B. La méthode des prix de vente

La méthode des prix de vente est une autre méthode courante pour calculer le chiffre d'affaires d'une entreprise.

Elle consiste à multiplier la quantité de produits ou de services vendus **par leur prix de vente effectif,** qui est **souvent différent du prix unitaire.** En effet, une entreprise peut proposer des remises, des rabais ou des ristournes à ses clients, ce qui aura une incidence sur le prix de vente effectif.

Par exemple, si une entreprise vend 100 produits au prix unitaire de 10 euros, mais accorde une remise de 20% à ses clients, le prix de vente effectif sera de 8 euros. Le chiffre d'affaires sera donc de 800 euros (100 produits x 8 euros).

Ces éléments sont à prendre en compte pour calculer de manière précise le chiffre d'affaires d'une entreprise, car ils peuvent avoir une incidence significative sur les résultats financiers.

C. La méthode des ventes brutes

La méthode des ventes brutes est **une troisième méthode** courante pour calculer le chiffre d'affaires d'une entreprise. Elle consiste simplement à additionner toutes les ventes réalisées sur une période donnée, sans tenir compte des remises, rabais, ristournes ou autres éléments qui pourraient affecter le prix de vente effectif.

Cette méthode est utile pour obtenir une vue d'ensemble rapide de l'activité de l'entreprise sur une période donnée, mais elle **ne permet pas de calculer le chiffre d'affaires net**, qui est le montant réellement encaissé par l'entreprise. En effet, les remises, rabais et ristournes ont une incidence directe sur le chiffre d'affaires net, qui correspond au montant total des ventes, moins ces éléments.

D. La méthode des ventes nettes

La méthode des ventes nettes est une méthode de calcul du chiffre d'affaires qui tient compte des remises, rabais et ristournes accordés aux clients, ainsi que des retours et annulations de ventes. Elle permet donc d'obtenir une mesure plus précise de l'activité commerciale de l'entreprise que la méthode des ventes brutes.

Pour calculer le chiffre d'affaires net selon cette méthode, on utilise la formule suivante :

Chiffre d'affaires net = *ventes brutes - (remises + rabais + ristournes + retours + annulations)*

Les remises, rabais et ristournes sont des réductions de prix accordées aux clients pour diverses raisons, telles que des achats en gros, des promotions ou des défauts de qualité.

Les retours correspondent aux produits retournés par les clients pour diverses raisons, telles que des défauts de fabrication ou des erreurs de commande.

Les annulations correspondent aux ventes qui ont été annulées après leur enregistrement initial.

Il est nécessaire de prendre en compte toutes ces informations pour obtenir une mesure précise du chiffre d'affaires net de l'entreprise, qui est un indicateur de sa performance financière.'

IV. Les facteurs influençant le chiffre d'affaires

Plusieurs facteurs peuvent influencer le chiffre d'affaires d'une entreprise, la rendant soit productive, soit moins performante.

A. Les facteurs internes à l'entreprise

Ce sont :

La politique de prix

Les stratégies commerciales et marketing

La qualité des produits ou services

La capacité de production ou de prestation de services

B. Les facteurs externes à l'entreprise

Qui sont eux : concurrence, réglementation, fluctuations du marché, etc. :

La concurrence

L'état du marché

Les évolutions réglementaires

Les conditions économiques générales **(inflation, taux de change, etc.)**

Les facteurs socioculturels **(tendances de consommation, habitudes d'achat, etc.)**

C. Les événements exceptionnels

Les changements conjoncturels **(crise économique, événements politiques, etc.)**

Les catastrophes naturelles ou technologiques

Les événements imprévus touchant l'entreprise **(faillite d'un client important, grève, etc.)**

D. Les indicateurs de performance

Le taux de croissance du chiffre d'affaires

Le chiffre d'affaires par client

La marge brute et la marge nette

Le taux de rotation des stocks

E. Les prévisions de chiffre d'affaires

Les tendances passées et actuelles

Les projections de croissance du marché

Les plans stratégiques de l'entreprise

F. La segmentation du marché et la diversification de l'offre

La création de nouveaux produits ou services

La diversification de l'offre pour toucher de nouveaux segments de marché

L'adaptation de l'offre aux besoins spécifiques de chaque segment de marché

G. L'analyse SWOT de l'entreprise

Les forces et les faiblesses de l'entreprise

Les opportunités et les menaces du marché

L'impact de ces éléments sur le chiffre d'affaires de l'entreprise

H. Les investissements et les financements

Les investissements en recherche et développement

Les investissements en équipements ou en immobilier

Les financements de l'entreprise **(emprunts, levée de fonds, etc.)**

I. Les choix stratégiques de l'entreprise

Les décisions de croissance interne ou externe

La politique de gestion des stocks et des approvisionnements

Les choix en matière de gestion des ressources humaines

J. Les indicateurs de satisfaction client

Le taux de fidélisation des clients

Le taux de recommandation des clients

Les retours d'expérience et les enquêtes de satisfaction

K. La gestion des coûts

La maîtrise des coûts de production ou de prestation de services

La réduction des coûts de distribution

L'optimisation de la gestion des stocks et des approvisionnements

L. Les facteurs psychologiques et comportementaux

L'influence de la perception du prix sur le comportement d'achat

L'impact de la communication et du marketing sur l'attitude des consommateurs

L'effet des émotions sur la prise de décision d'achat

V. Conclusion

La détermination du chiffre d'affaires influence la gestion financière d'une entreprise. Il permet de mesurer la performance et la rentabilité de l'activité commerciale de l'entreprise.

A. Les éléments à prendre en compte pour calculer le chiffre d'affaires

Le calcul du chiffre d'affaires nécessite la prise en compte de plusieurs éléments tels que les ventes, les remises, les retours sur ventes et les annulations de ventes. Il est également important de choisir la méthode de calcul appropriée en fonction de la nature de l'entreprise et des données disponibles.

B. Nécessité du chiffre d'affaires

Le suivi régulier du chiffre d'affaires est essentiel pour l'entreprise pour plusieurs raisons. Tout d'abord, cela permet de mesurer la performance de l'entreprise et d'évaluer son évolution sur le marché. Cela permet également de détecter rapidement les tendances et les problèmes émergents, ce qui peut aider l'entreprise à prendre des mesures correctives pour les résoudre.

En outre, un suivi régulier du chiffre d'affaires est nécessaire pour élaborer des budgets et des prévisions précises, ce qui permet à l'entreprise de planifier ses activités et de prendre des décisions éclairées en matière d'investissement.

Enfin, le chiffre d'affaires permet de déterminer la rentabilité de l'entreprise, ce qui est essentiel pour attirer des investisseurs et des prêteurs potentiels.

PARTIE 6 : Gestion des coûts et des prix à long terme

I. Analyse des coûts à long terme

Les coûts à long terme comprennent les coûts directs et indirects, ainsi que les coûts fixes, variables et cachés. Une bonne gestion nécessite de comprendre l'impact de chacun sur la rentabilité globale.

A. Les coûts directs et indirects

Les coûts directs correspondent à des dépenses qui peuvent être directement attribuées à la production d'un bien ou d'un service. Ils incluent notamment les matières premières, la main-d'œuvre directe, les coûts liés à l'énergie et aux fournitures.

Les coûts indirects, quant à eux, sont des dépenses qui ne peuvent pas être directement liées à la production d'un bien ou d'un service. Ils incluent notamment **les coûts liés à la maintenance des équipements, les frais de marketing, les frais généraux et les coûts de gestion.**

B. Les coûts fixes et variables

Les coûts fixes sont des dépenses qui ne varient pas en fonction du volume de production. Ils sont liés aux immobilisations et à l'infrastructure de l'entreprise, tels que **les loyers, les coûts de personnel fixes, les assurances, etc.**

Les coûts variables, quant à eux, sont des dépenses qui varient en fonction du volume de production. Ils sont liés à l'achat de matières premières, aux coûts de la main-d'œuvre directe, aux coûts de transport, etc.

C. Les coûts cachés

Les coûts cachés sont des dépenses qui ne sont pas directement liées à la production d'un bien ou d'un service, mais qui peuvent avoir un impact significatif sur les coûts à long terme.

Ils incluent notamment les coûts liés aux retours de produits, les coûts de garantie, les coûts de réparation, les coûts liés aux retards de production, etc.

Un exemple de coût caché peut être les coûts liés à la qualité. Si une entreprise produit des biens ou services de qualité inférieure, elle peut entraîner des coûts cachés tels que des rappels de produits, des retours de clients, des remplacements de produits défectueux, des coûts de service à la clientèle supplémentaires, des frais juridiques et des pertes de clientèle. Tous ces coûts cachés peuvent avoir un impact négatif sur la rentabilité de l'entreprise à long terme.

Par conséquent, les entreprises doivent s'assurer qu'elles maintiennent des normes de qualité élevées pour minimiser ces coûts cachés et maximiser leur rentabilité à long terme.

Enfin, une analyse approfondie des coûts directs et indirects, des coûts fixes et variables et des coûts cachés est essentielle pour comprendre les coûts à long terme de l'entreprise et pour prendre des décisions éclairées en matière de gestion des coûts et des prix.

II. Détermination des prix à long terme

Les objectifs de l'entreprise, les conditions du marché, les marges de profit et les stratégies de fixation des prix influencent la flexibilité nécessaire pour rester compétitif. Une gestion adaptée à ces facteurs est essentielle au succès.

A. Les objectifs de l'entreprise

Les objectifs de l'entreprise sont l'un des facteurs les plus importants à prendre en compte lors de la détermination des prix à long terme.

L'entreprise doit établir des objectifs financiers réalistes pour être en mesure de déterminer des prix qui lui permettront d'atteindre ces objectifs.

Les objectifs peuvent inclure l'augmentation de la part de marché, l'augmentation du chiffre d'affaires ou de la rentabilité.

B. Les conditions du marché

L'entreprise doit comprendre la dynamique du marché, notamment la concurrence, la demande des consommateurs, les tendances et les évolutions du marché. Cette compréhension permettra à l'entreprise d'ajuster ses prix pour répondre aux conditions du marché.

C. Les marges de profit

L'entreprise doit être en mesure de déterminer la marge de profit requise pour atteindre ses objectifs financiers. Cela nécessite une analyse des coûts, y compris les coûts directs, indirects et cachés. Ainsi, comprendre les coûts de production, l'entreprise peut déterminer la marge de profit nécessaire pour atteindre ses objectifs financiers.

Les prix doivent ensuite être fixés pour permettre à l'entreprise d'atteindre cette marge de profit.

D. Les stratégies de fixation des prix

En fonction de ses objectifs, de ses conditions de marché et de ses marges de profit, l'entreprise peut adopter différentes stratégies de fixation des prix à long terme.

Les stratégies courantes incluent la stratégie du coût plus la marge, la stratégie du markup et la stratégie de la concurrence.

Il est important que l'entreprise évalue régulièrement sa stratégie de fixation des prix pour s'assurer qu'elle est en mesure d'atteindre ses objectifs financiers à long terme.

E. La flexibilité

Enfin, les conditions du marché peuvent changer rapidement, et l'entreprise doit être en mesure d'ajuster ses prix en conséquence pour maintenir sa rentabilité et sa compétitivité. L'entreprise doit également être capable de s'adapter à l'évolution des coûts de production, y compris les coûts cachés, pour maintenir sa marge de profit.

III. Les différentes stratégies de gestion des coûts et des prix à long terme

La stratégie de l'entreprise peut inclure une approche low-cost, une stratégie de différenciation ou une stratégie de segmentation.

A. La stratégie de l'entreprise low-cost

La stratégie de l'entreprise low-cost consiste à proposer des produits ou services à des prix inférieurs à ceux du marché, en réduisant au maximum les coûts de production. Cette stratégie permet de toucher un large public et de prendre des parts de marché aux concurrents en proposant des prix attractifs.

Pour appliquer cette stratégie, l'entreprise doit :

Réduire les coûts de production en utilisant des techniques de production efficaces et en limitant les coûts indirects

Proposer des produits ou services simples et standardisés, avec un choix limité

Réduire les frais de marketing et de publicité

L'entreprise peut également se différencier de ses concurrents en proposant des produits ou services de qualité supérieure à des prix similaires.

B. La stratégie de différenciation

La stratégie de différenciation consiste à proposer des produits ou services uniques et de qualité supérieure, à un prix supérieur à celui de la concurrence. Cette stratégie permet de se différencier de ses concurrents et de créer une image de marque forte.

Pour appliquer cette stratégie, l'entreprise doit :

Investir dans la recherche et développement pour créer des produits ou services innovants

Mettre en place des campagnes de marketing pour mettre en avant les caractéristiques uniques des produits ou services

Offrir un service client de qualité supérieure

L'entreprise peut également réduire les coûts en optimisant les processus de production, mais l'accent est mis sur la qualité et la différenciation plutôt que sur le prix.

C. La stratégie de segmentation

La stratégie de segmentation consiste à proposer des produits ou services adaptés à des segments spécifiques du marché, avec des prix différenciés. Cette stratégie permet de s'adapter aux besoins et préférences de chaque segment et de maximiser les revenus.

Pour appliquer cette stratégie, l'entreprise doit :

Segmenter le marché en fonction des critères pertinents **(âge, sexe, niveau de revenu, etc.)**

Développer des produits ou services adaptés à chaque segment

Proposer des prix différents en fonction de la valeur perçue par chaque segment

L'entreprise peut également réduire les coûts en adaptant les processus de production à chaque segment, mais l'accent est mis sur l'adaptation aux besoins spécifiques plutôt que sur le prix.

IV. Les outils de gestion des coûts et des prix à long terme

La comptabilité analytique, le contrôle budgétaire et le tableau de bord sont des outils essentiels pour la gestion financière et le pilotage de la performance de l'entreprise.

A. La comptabilité analytique

La comptabilité analytique est un outil de gestion permettant d'analyser les coûts de production et de déterminer les coûts unitaires des produits ou services de l'entreprise. Elle permet de mieux comprendre les coûts directs et indirects et de mieux contrôler les coûts de production. Son utilisation permet à l'entreprise de déterminer avec précision les coûts de production, ce qui lui permet de fixer des prix de vente appropriés.

B. Le contrôle budgétaire

Le contrôle budgétaire est un outil de gestion qui permet à l'entreprise de contrôler ses coûts et ses dépenses. Il consiste à établir un budget prévisionnel des dépenses et des recettes pour une période donnée, puis à suivre les écarts entre les prévisions et les réalisations. L'entreprise peut ainsi ajuster ses coûts et ses prix de vente en fonction des écarts constatés.

C. Le tableau de bord

Le tableau de bord est un outil de gestion qui permet à l'entreprise de suivre les performances de l'entreprise en temps réel. Il regroupe les indicateurs clés de performance (KPI) de l'entreprise et permet de visualiser les résultats de manière synthétique. En utilisant le tableau de bord, l'entreprise peut suivre ses coûts de production, ses prix de vente et ses marges de profit et ajuster sa stratégie en conséquence.

Enfin, la gestion des coûts et des prix à long terme est essentielle pour la pérennité de l'entreprise. l'utilisation des outils de gestion tels que la comptabilité analytique, le contrôle budgétaire et le tableau de bord, l'entreprise peut mieux comprendre ses coûts de production, ajuster ses prix de vente et maximiser ses marges de profit.

Il faudra donc que l'entreprise choisisse la bonne stratégie de gestion des coûts et des prix en fonction de ses objectifs, des conditions du marché et des marges de profit souhaitées.

V. Conclusion

A. Rappel des éléments de la gestion des coûts et des prix à long terme

La gestion des coûts et des prix à long terme est une étape nécessaire pour toute entreprise désireuse de maintenir sa compétitivité et sa rentabilité. Cette gestion implique l'analyse des coûts directs et indirects, fixes et variables ainsi que des coûts cachés afin de déterminer les coûts totaux de l'entreprise.

Pour déterminer les prix à long terme, les entreprises doivent prendre en compte leurs objectifs, les conditions du marché et les marges de profit. Les différentes stratégies de gestion des coûts et des prix à long terme comprennent la stratégie low-cost, la stratégie de différenciation et la stratégie de segmentation.

Les outils de gestion des coûts et des prix à long terme comprennent la comptabilité analytique, le contrôle budgétaire et le tableau de bord. Ces outils permettent aux entreprises de surveiller leurs coûts, de suivre leur rentabilité et de prendre des décisions éclairées concernant les prix à long terme.

B. Portée de la gestion des coûts et des prix à long terme

La gestion des coûts et des prix à long terme est essentielle pour la pérennité de toute entreprise, quelle que soit sa taille. De plus, une stratégie de prix appropriée permet à l'entreprise de rester compétitive sur le marché et d'attirer et de fidéliser les clients. La gestion efficace des coûts et des prix à long terme permet également à l'entreprise de prendre des décisions éclairées concernant l'expansion, l'investissement et l'innovation, contribuant ainsi à la croissance et au succès à long terme de l'entreprise.

PARTIE 7 : Analyse des marges et de la rentabilité

I. Introduction

A. Définition de la marge et de la rentabilité

La marge est la différence entre le prix de vente d'un produit ou d'un service et son coût de revient. Elle représente la marge brute que réalise l'entreprise sur chaque vente.

La rentabilité est la capacité d'une entreprise à générer des bénéfices par rapport à ses investissements. Elle se mesure à l'aide de différents ratios tels que le retour sur investissement **(ROI)**, la marge nette ou encore le taux de rentabilité des capitaux propres **(TRCP)**.

B. comprendre l'intérêt de l'analyse des marges et de la rentabilité

L'analyse des marges et de la rentabilité permet la prise de décision et la gestion financière d'une entreprise, notamment :

Identifier les produits ou les services les plus rentables et ceux qui ne le sont pas

Déterminer les coûts à optimiser pour améliorer la rentabilité

Fixer les prix de vente de manière à maximiser la marge

Évaluer la performance financière de l'entreprise et sa capacité à générer des bénéfices

Prendre des décisions d'investissement en fonction de la rentabilité attendue.

II. Calcul de la marge bénéficiaire

A. Définition de la marge bénéficiaire

La marge bénéficiaire est la différence entre le prix de vente d'un produit ou d'un service et le coût total nécessaire pour le produire et le vendre. Elle représente donc le montant de bénéfice réalisé par l'entreprise sur chaque vente.

B. Formule de calcul de la marge bénéficiaire

La formule de calcul de la marge bénéficiaire est :

Marge bénéficiaire = (Bénéfice net / Chiffre d'affaires) x **100**

Le bénéfice net correspond aux revenus restants après déduction de toutes les dépenses, y compris les coûts de production, les charges d'exploitation et les impôts.

Le chiffre d'affaires représente les ventes totales générées par l'entreprise.

En multipliant le résultat par 100, on obtient un pourcentage qui permet de déterminer la part de bénéfice par rapport au chiffre d'affaires total.

Prenons l'exemple d'une entreprise qui a un chiffre d'affaires de 500 000 € et un bénéfice net de 100 000 €.

La formule de calcul de la marge bénéficiaire est :

Marge bénéficiaire = (Bénéfice net / Chiffre d'affaires) x 100

Marge bénéficiaire = (100 000 / 500 000) x 100 = 20 %

Cela signifie que l'entreprise a une marge bénéficiaire de 20 %, c'est-à-dire que pour chaque euro de chiffre d'affaires, elle réalise 0,20 euro de bénéfice net. L'entreprise a une bonne rentabilité et une capacité à générer des profits sur ses ventes.

C. Interprétation de la marge bénéficiaire

La marge bénéficiaire est un indicateur de la rentabilité d'une entreprise. Plus la marge bénéficiaire est élevée, plus l'entreprise réalise des bénéfices importants sur ses ventes. Et peut être interprété comme un signe de bonne gestion financière et d'efficacité opérationnelle.

Cependant, la marge bénéficiaire peut varier d'un secteur à l'autre.

Par exemple, les entreprises de haute technologie peuvent avoir des marges bénéficiaires plus faibles en raison des coûts élevés de R&D, tandis que les entreprises de services peuvent avoir des marges bénéficiaires plus élevées en raison des coûts de production relativement bas.

Il est donc préférable de comparer la marge bénéficiaire d'une entreprise avec celle de ses concurrents dans le même secteur afin de déterminer sa performance relative. En outre, il convient de tenir compte d'autres facteurs tels que la croissance des revenus, le niveau d'endettement et la rentabilité des investissements pour avoir une vue d'ensemble de la performance financière d'une entreprise.

Prenons l'exemple d'une entreprise de fabrication de meubles qui réalise un chiffre d'affaires annuel de 1 million d'euros et des coûts de production annuels de 800 000 euros. La formule de calcul de la marge bénéficiaire est la suivante :

Marge bénéficiaire = (Chiffre d'affaires - Coûts de production) / Chiffre d'affaires

Marge bénéficiaire = (1 000 000 - 800 000) / 1 000 000

Marge bénéficiaire = 0,2 ou 20%

Cela signifie que l'entreprise réalise une marge bénéficiaire de 20% sur ses ventes. Autrement dit, pour chaque euro de vente, l'entreprise réalise 0,20 € de bénéfice.

Après analyse de ce résultat, on peut dire que l'entreprise est capable de réaliser des bénéfices importants sur ses ventes. Toutefois, il convient de comparer cette marge bénéficiaire avec celle des autres entreprises du même secteur pour déterminer sa performance relative.

III. Analyse de la rentabilité

L'analyse de la rentabilité est un aspect de la gestion financière de toute entreprise. Elle permet de comprendre la performance financière de l'entreprise en mesurant sa capacité à générer des bénéfices et à maintenir une marge bénéficiaire saine.

A. Définition de la rentabilité

La rentabilité se réfère à la capacité d'une entreprise ou d'un investissement à générer des profits par rapport aux coûts engagés. En d'autres termes, la rentabilité mesure le degré de réussite d'une entreprise à générer des bénéfices par rapport à l'investissement initial ou aux coûts d'exploitation. La rentabilité est souvent mesurée sous forme de ratios financiers tels que le retour sur investissement (**ROI**), la marge bénéficiaire, le bénéfice par action (**BPA**), etc. Une entreprise qui est rentable est en mesure de générer des revenus suffisants pour couvrir ses coûts, rembourser ses dettes et offrir un retour sur investissement à ses actionnaires.

Aussi, elle montre également si une entreprise est capable de générer des bénéfices à partir de son activité. Les investisseurs et les analystes utilisent souvent des ratios de rentabilité pour évaluer la santé financière d'une entreprise et pour comparer la performance de différentes entreprises dans le même secteur.

La rentabilité peut être mesurée à différents niveaux de l'entreprise, tels que la rentabilité de l'entreprise dans son ensemble, la rentabilité d'un produit ou service spécifique, la rentabilité d'un département ou d'une filiale, etc.

Les facteurs qui influencent la rentabilité peuvent varier selon l'industrie et la taille de l'entreprise, mais en général, une entreprise peut augmenter sa rentabilité en réduisant les coûts, en augmentant les prix, en améliorant l'efficacité opérationnelle, en investissant dans de nouveaux produits ou services rentables, ou en explorant de nouveaux marchés ou de nouvelles opportunités d'affaires.

Cependant, la rentabilité ne doit pas être le seul indicateur utilisé pour évaluer la performance d'une entreprise. D'autres facteurs tels que la croissance, la position concurrentielle, la durabilité, la responsabilité sociale et environnementale, et la gestion des risques doivent également être pris en compte pour obtenir une image complète de la performance de l'entreprise.

B. Formule de calcul de la rentabilité

La rentabilité d'une entreprise peut être calculée de différentes manières, en fonction des données financières disponibles et des objectifs de l'analyse.

Les formules couramment utilisées :

Bénéfice net / chiffre d'affaires

Cette formule calcule la marge bénéficiaire d'une entreprise, c'est-à-dire le bénéfice net réalisé pour chaque dollar de chiffre d'affaires.

La formule est la suivante : bénéfice net / chiffre d'affaires.

Retour sur investissement (ROI)

Cette formule calcule le rendement des investissements réalisés par une entreprise.

La formule est la suivante : (bénéfice net - coût des investissements) / coût des investissements.

Retour sur capitaux propres (ROE)

Cette formule calcule le rendement des capitaux propres investis dans l'entreprise.

La formule est la suivante : bénéfice net / capitaux propres.

Indice de profitabilité

Cette formule mesure le rapport entre le bénéfice net et les coûts de production totaux.

La formule est la suivante : bénéfice net / coûts de production totaux.

Il faut noter que ces formules ne représentent qu'un échantillon des nombreuses mesures utilisées pour évaluer la rentabilité d'une entreprise, et que chaque entreprise peut avoir ses propres formules et indicateurs de performance personnalisés.

Prenons l'exemple de l'entreprise mentionnée précédemment, qui a réalisé un bénéfice net de 100 000 euros pour un chiffre d'affaires de 500 000 euros au cours de l'année fiscale. Pour calculer la marge bénéficiaire de l'entreprise, nous pouvons utiliser la formule suivante :

Marge bénéficiaire = *Bénéfice net* / **Chiffre d'affaires**

Dans ce cas, la marge bénéficiaire serait de :

Marge bénéficiaire = 100 000 € / 500 000 € = 0,2 (soit 20 %)

Ce qui signifie que l'entreprise a généré un bénéfice net de 0,20 euro pour chaque euro de chiffre d'affaires réalisé au cours de l'année fiscale. Ce ratio peut être utilisé pour évaluer la rentabilité de l'entreprise et pour comparer ses performances à celles d'autres entreprises dans le même secteur d'activité.

C. Interprétation de la rentabilité

L'interprétation de la rentabilité dépend de la nature de l'activité de l'entreprise et de ses objectifs. En général, une entreprise qui génère une marge bénéficiaire élevée est considérée comme rentable et attractive pour les investisseurs. Cela peut indiquer que l'entreprise est efficace dans la gestion de ses coûts et qu'elle est capable de vendre ses produits ou services à des prix rentables.

Cependant, une marge bénéficiaire élevée ne garantit pas nécessairement la pérennité de l'entreprise. Par ailleurs, d'autres facteurs sont à prendre en compte, tels que la concurrence, la qualité des produits ou services offerts, l'innovation et la gestion des risques.

Par exemple, une entreprise qui a une forte concurrence et une faible différenciation de ses produits ou services peut être obligée de baisser ses prix pour rester compétitive, ce qui peut réduire sa marge bénéficiaire.

Enfin, la rentabilité peut varier d'une année à l'autre en fonction des conditions économiques, de l'évolution du marché et des décisions stratégiques de l'entreprise. Il est donc essentiel pour l'entreprise de suivre régulièrement sa rentabilité et de mettre en place des mesures pour améliorer son efficacité et sa compétitivité.

Exemples de calculs de rentabilité :

Exemple 1 :

Une entreprise a réalisé un chiffre d'affaires de 500 000 € et a des charges totales de 400 000 €, ce qui donne un bénéfice avant impôt de 100 000 €.

Si l'entreprise a investi 1 000 000 € pour démarrer ses activités, le retour sur investissement (ROI) serait de :

ROI = (bénéfice avant impôt / investissement total) x 100

ROI = (100 000 € / 1 000 000 €) x 100

ROI = 10%

Exemple 2 :

Une entreprise fabrique des vêtements et vend chaque unité à 50 €. Le coût de production de chaque unité est de 30 €, et l'entreprise a des coûts fixes de 20 000 € par mois. Si l'entreprise vend 1 000 unités par mois, le bénéfice mensuel serait de :

Bénéfice = (Prix de vente x quantité vendue) - (Coût variable unitaire x quantité vendue) - coûts fixes mensuels

Bénéfice = (50 € x 1 000) - (30 € x 1 000) - 20 000 €

Bénéfice = 30 000 € - 20 000 €

Bénéfice = 10 000 €

Si l'entreprise a investi 500 000 € pour démarrer ses activités, le retour sur investissement (ROI) serait de :

ROI = (bénéfice net annuel / investissement total) x 100

ROI = (10 000 € x 12 mois) / 500 000 € x 100

ROI = 24%

Ces exemples illustrent l'importance de calculer la rentabilité pour mesurer l'efficacité et la rentabilité de l'entreprise, ainsi que pour prendre des décisions éclairées en matière de gestion et d'investissement.

Le ROI (Return on Investment) est un indicateur financier qui mesure le rendement d'un investissement en comparant le bénéfice net de l'investissement au coût de l'investissement. Ce qui permet de déterminer si l'investissement est rentable et si le rendement est supérieur ou inférieur au coût initial de l'investissement.

IV. Les différents types de coûts

La compréhension des différents types de coûts est essentielle pour la gestion financière efficace d'une entreprise. Comprendre la différence entre ces différents types de coûts peut aider les entreprises à mieux allouer leurs ressources, à optimiser leurs marges et à améliorer leur rentabilité globale.

A. Coûts directs

Les coûts directs sont des dépenses qui peuvent être directement attribuées à la production d'un produit ou à la prestation d'un service. Ces coûts varient en fonction de la quantité produite ou vendue. Ils comprennent généralement les matières premières, la main-d'œuvre directe et les frais de sous-traitance. Les matières premières sont utilisées pour produire un produit.

Par exemple, pour une entreprise de fabrication de meubles, les matières premières peuvent inclure le bois, le tissu, la mousse, les ressorts, etc.

La main-d'œuvre directe est le coût de la main-d'œuvre qui est directement impliquée dans la production d'un produit ou la prestation d'un service. Il peut s'agir de salaires, de charges sociales, de frais de formation, etc.

Les frais de sous-traitance sont des coûts engagés pour des activités qui sont sous-traitées à des tiers.

Par exemple, si une entreprise de fabrication de meubles sous-traite la fabrication des tissus pour ses canapés, les frais engagés pour cette sous-traitance sont considérés comme des coûts directs.

Les coûts directs sont souvent utilisés pour calculer le coût de revient d'un produit ou d'un service. Ils peuvent également être utilisés pour évaluer la rentabilité de différents produits ou services en comparant les coûts directs associés à chacun.
Un exemple de coûts directs pourrait être les coûts de matières premières utilisées pour fabriquer un produit.
Par exemple, si une entreprise fabrique des chaises en bois, le coût du bois utilisé pour fabriquer chaque chaise serait considéré comme un coût direct. De même, si une entreprise vend des sandwiches, le coût des ingrédients tels que le pain, la viande, les légumes, etc. seraient considérés comme des coûts directs.

B. Les coûts indirects

Les coûts indirects, également connus sous le nom **de coûts fixes indirects,** sont des coûts qui ne peuvent pas être directement attribués à la production ou à la vente d'un produit ou d'un service en particulier. Ils sont plutôt liés aux opérations globales de l'entreprise, tels que les coûts de location ou d'entretien d'équipements, les salaires des employés de bureau, les services publics, les assurances, etc.

Les coûts indirects sont souvent répartis sur plusieurs produits ou services, en fonction d'un système d'allocation des coûts déterminé par l'entreprise.

Un exemple de coûts indirects est le coût de location d'un entrepôt utilisé pour stocker des matières premières et des produits finis. Ce coût ne peut pas être directement attribué à un produit ou à un service particulier, car plusieurs produits peuvent être stockés dans l'entrepôt en même temps.

Par conséquent, l'entreprise doit répartir le coût de location entre les différents produits en utilisant un système d'allocation des coûts, tel que la méthode du coût total ou la méthode des unités produites. Cela permet à l'entreprise de déterminer le coût indirect par unité de produit et de l'inclure dans le calcul du coût total de production.

C. Les coûts fixes

Les coûts fixes sont des coûts qui restent constants quel que soit le niveau d'activité de l'entreprise. Ils sont indépendants du volume de production ou des ventes et sont généralement engagés à long terme.

Les exemples de coûts fixes incluent les loyers, les salaires des employés administratifs, les coûts d'assurance et les intérêts sur la dette.

Prenons l'exemple d'une entreprise de fabrication de chaussures qui paie un loyer mensuel de 10 000 € pour son usine. Même si l'entreprise ne produit aucune paire de chaussures en un mois donné, elle doit toujours payer le loyer complet de 10 000 €. De même, si l'entreprise double sa production de chaussures le mois suivant, le coût du loyer reste le même à 10 000 €. Le coût du loyer est donc considéré comme un coût fixe.

D. Les coûts variables

Les coûts variables sont des coûts qui varient en fonction de la quantité produite ou vendue. Ils comprennent des éléments tels que les coûts des matières premières, la main-d'œuvre directe, les frais de sous-traitance variables, etc. Les coûts variables peuvent souvent être réduits en réduisant la quantité produite ou vendue.

Un exemple de coût variable pourrait être le coût des matières premières utilisées pour la production d'un produit. Si une entreprise fabrique des t-shirts et que le coût du tissu utilisé pour chaque t-shirt varie en fonction du prix du marché, alors le coût des matières premières est considéré comme un coût variable. Si l'entreprise produit plus de t-shirts, elle aura besoin d'acheter plus de tissu, ce qui entraînera une augmentation du coût variable. En revanche, si l'entreprise produit moins de t-shirts, elle aura besoin d'acheter moins de tissu, ce qui entraînera une diminution du coût variable.

Les coûts variables sont donc des coûts qui varient proportionnellement en fonction du volume de production.

V. Les méthodes d'analyse des coûts

L'analyse des coûts permet de comprendre les coûts associés à chaque produit ou service, ce qui est essentiel pour prendre des décisions éclairées en matière de prix, de marketing et de gestion des coûts.

A. La méthode du seuil de rentabilité

La méthode du seuil de rentabilité est une technique d'analyse des coûts qui permet de déterminer le niveau de ventes nécessaire pour couvrir l'ensemble des coûts de l'entreprise

La formule de calcul de l'indice de profitabilité est la suivante :

(coûts fixes et coûts variables) et atteindre le seuil de rentabilité. Ce seuil correspond au point où les recettes de l'entreprise sont égales à ses coûts totaux.

La formule de calcul du seuil de rentabilité est la suivante :

Seuil de rentabilité = Coûts fixes / (Prix de vente unitaire - Coût variable unitaire)

Cette méthode permet à l'entreprise de mieux comprendre la structure de ses coûts et d'anticiper les conséquences de ses choix stratégiques sur sa rentabilité.

Prenons l'exemple de l'entreprise qui vend des produits électroniques. Elle a des coûts variables de 100€ par produit et des coûts fixes de 50 000€ par mois. Le prix de vente de chaque produit est de 200€.

Pour calculer le seuil de rentabilité de cette entreprise :

Seuil de rentabilité = Coûts fixes / (Prix de vente par unité - Coûts variables par unité)

Dans ce cas, le seuil de rentabilité serait de :

50 000 / (200 - 100) = 50 000 / 100 = 500

Cela signifie que l'entreprise doit vendre 500 produits pour atteindre son seuil de rentabilité, c'est-à-dire le point où elle ne perd ni ne gagne d'argent. Si elle vend moins de 500 produits, elle subira une perte, et si elle en vend plus de 500, elle réalisera un bénéfice.

B. La méthode de la valeur ajoutée

La méthode de la valeur ajoutée est une approche d'analyse des coûts qui se concentre sur la création de valeur ajoutée par l'entreprise. Elle mesure la valeur créée par l'entreprise en comparant la valeur de ses produits ou services à la valeur des matières premières et des autres coûts engagés pour les produire. La valeur ajoutée est calculée en soustrayant les coûts directs et indirects de la production de la valeur totale des produits ou services vendus.

Ce qui permet à l'entreprise de mesurer sa capacité à générer de la valeur et à améliorer sa rentabilité en optimisant ses processus de production et en réduisant les coûts inutiles.

Par exemple, si une entreprise de fabrication vend des produits pour une valeur totale de 1 000 000 € et à des coûts directs et indirects de 600 000 €, la valeur ajoutée serait de 400 000 €. La méthode de la valeur ajoutée peut aider l'entreprise à identifier les domaines où elle peut améliorer la création de valeur et à prendre des décisions éclairées sur l'allocation des ressources pour maximiser la rentabilité.

C. La méthode du coût complet

La méthode du coût complet est une méthode d'analyse des coûts qui consiste à prendre en compte tous les coûts liés à la production d'un bien ou d'un service. Elle permet de déterminer le coût de revient unitaire d'un produit en y intégrant tous les coûts directs et indirects, fixes et variables, liés à la production et à la vente.

Un exemple de coûts inclus dans la méthode du coût complet peut être : les coûts de matières premières, les coûts de main-d'œuvre directe et indirecte, les coûts d'amortissement des équipements de production, les coûts de maintenance, les coûts de gestion administrative, les coûts de marketing et les coûts de distribution. Supposons qu'une entreprise fabrique des chaises. Pour produire ces chaises, elle a besoin de matériaux, de main-d'œuvre et de machines.

Les coûts associés à chacun de ces éléments sont les suivants :

Matériaux : 10 € par chaise

Main-d'œuvre : 5 € par chaise

Machines : 2 € par chaise

De plus, l'entreprise a **des frais généraux de 500 € par mois,** qui doivent être répartis sur le nombre de chaises produites.

Si l'entreprise produit 100 chaises ce mois-ci, le coût complet de chaque chaise est :

Coût des matériaux = 10 € x 100 chaises = 1 000 €

Coût de la main-d'œuvre = 5 € x 100 chaises = 500 €

Coût des machines = 2 € x 100 chaises = 200 €

Frais généraux = 500 € / 100 chaises = 5 € par chaise

Coût complet des chaises = 1 000 € + 500 € + 200 € + 5 € = 1 705 €

Par conséquent, **les chaises produites par l'entreprise coûtent 1 705 €.** La méthode du coût complet permet à l'entreprise de mieux comprendre ses coûts totaux et d'ajuster ses prix de vente en conséquence pour atteindre ses objectifs de rentabilité.

VI. Les indicateurs de performance

La mesure de la performance permet de surveiller la santé financière de l'entreprise et d'identifier les domaines qui nécessitent des améliorations.
Les indicateurs de performance jouent un rôle clé dans cette mesure en fournissant des informations sur la rentabilité de l'entreprise et sa capacité à générer des bénéfices.

A. Le retour sur investissement (ROI)

Le retour sur investissement (**ROI**) est un indicateur financier qui mesure la performance financière d'un investissement. Il permet de déterminer le montant de profit ou de perte généré par rapport au coût initial de l'investissement. Le **ROI** est exprimé en pourcentage et est calculé en divisant le bénéfice net par le coût initial de l'investissement, puis en multipliant le résultat par 100.

La formule de calcul du ROI est la suivante :

ROI = (Bénéfice net / Coût initial de l'investissement) x 100.

Supposons qu'une entreprise investit 100 000 € dans une nouvelle machine et qu'elle réalise 25 000 € de bénéfices supplémentaires chaque année grâce à cette machine.

Le ROI peut être calculé comme suit :

ROI = (bénéfice net de l'investissement / coût de l'investissement) x 100

Dans cet exemple, le bénéfice net de l'investissement est de 25 000 €, car c'est le montant supplémentaire que l'entreprise gagne chaque année grâce à la machine. Le coût de l'investissement est de 100 000 €, le prix d'achat de la machine.

Ainsi, le ROI est de (25 000 / 100 000) x 100 = 25%. Cela signifie que pour chaque euro investi dans la machine, l'entreprise réalise un bénéfice de 0,25 €.

B. Le retour sur capitaux propres (ROE)

Le retour sur capitaux propres (**ROE**) est un indicateur financier qui mesure la rentabilité des capitaux propres investis dans une entreprise. Il est calculé en divisant le bénéfice net par les capitaux propres.

L'interprétation du **ROE** peut varier selon l'industrie et la taille de l'entreprise. En général, un **ROE** élevé est considéré comme un signe de bonne performance financière et de rentabilité pour les actionnaires. Cependant, un **ROE** élevé peut également refléter une entreprise qui utilise une forte quantité de levier financier pour générer des bénéfices.

Pour illustrer le calcul du retour sur capitaux propres (ROE), prenons l'exemple d'une entreprise qui a réalisé un bénéfice net de 200 000 euros et dont les capitaux propres s'élèvent à 2 millions d'euros. Le ROE sera donc de :

ROE = (Bénéfice net / Capitaux propres) x 100
ROE = (200 000 / 2 000 000) x 100

ROE = 10%

Cela signifie que l'entreprise a généré un retour de 10% sur les fonds investis par les actionnaires.

C. L'indice de profitabilité

L'indice de profitabilité, également appelé ratio de profitabilité, est un indicateur financier qui mesure la rentabilité d'un investissement. Il permet de comparer le montant des bénéfices générés par un investissement au montant de l'investissement initial. L'indice de profitabilité est calculé en divisant le montant total des bénéfices par le montant total de l'investissement. **Plus l'indice de profitabilité est élevé, plus l'investissement est rentable.**

Indice de profitabilité = Bénéfices nets / Investissement initial

Les bénéfices nets correspondent aux revenus générés par l'investissement moins les coûts associés, et l'investissement initial est le montant total investi dans le projet.

Par exemple, si une entreprise investit 100 000 € dans un projet et génère 150 000 € de bénéfices nets, l'indice de profitabilité serait

de 1,5 (150 000 / 100 000), ce qui signifie que l'investissement a généré 50 % de bénéfices supplémentaires par rapport au montant investi.

L'indice de profitabilité est un indicateur utile pour les entreprises qui cherchent à évaluer la rentabilité de leurs investissements et à prendre des décisions éclairées en matière d'investissement. Cependant, il doit être utilisé en conjonction avec d'autres indicateurs financiers pour fournir une image complète de la performance de l'entreprise.

VII. Conclusion

Pour conclure, l'analyse des marges et de la rentabilité permet de comprendre les coûts et les revenus associés à chaque produit ou service, ce qui permet de prendre des décisions éclairées en matière de prix, de marketing et de gestion des coûts. De plus, cette analyse peut aider les entreprises à identifier les produits ou services les plus rentables, ainsi que ceux qui peuvent être améliorés pour augmenter leur rentabilité.

A. Les éléments clés de l'analyse des marges et de la rentabilité

L'analyse des marges et de la rentabilité est une pratique déterminante pour les entreprises. Elle permet de comprendre les différents types de coûts **(directs, indirects, fixes, variables)**, les méthodes d'analyse des coûts **(seuil de rentabilité, valeur ajoutée, coût complet)** et comment ces éléments affectent la rentabilité de l'entreprise.

B. L'analyse des marges et de la rentabilité pour l'entreprise

L'analyse des marges et de la rentabilité est importante pour l'entreprise car elle permet de prendre des décisions éclairées en matière de prix, de production, de coûts et de stratégie commerciale.

Elle aide également l'entreprise à comprendre où elle peut optimiser ses coûts pour améliorer sa rentabilité et à identifier les produits ou services qui génèrent le plus de bénéfices pour l'entreprise. En fin de compte, l'analyse des marges et de la rentabilité aide l'entreprise à maintenir sa santé financière et à atteindre ses objectifs à long terme.

PARTIE 8 : Optimisation des coûts et des prix

I. Introduction

L'optimisation des coûts et des prix est à prendre en compte dans la stratégie de toute entreprise qui cherche à améliorer sa rentabilité et à maintenir sa compétitivité sur le marché. En effet, une gestion efficace des coûts permet de maximiser les bénéfices, tandis que l'optimisation des prix permet de proposer des prix compétitifs tout en préservant la rentabilité.

A. Intérêt de l'optimisation des coûts et des prix

L'optimisation des coûts et des prix permet de maximiser les bénéfices en minimisant les coûts, tout en offrant des prix compétitifs sur le marché.

De plus, l'optimisation des coûts et des prix peut aider à améliorer la qualité des produits et services offerts, à renforcer la position de l'entreprise sur le marché et à maintenir la satisfaction des clients.

Enfin, elle peut également aider à identifier des opportunités de croissance et d'expansion pour l'entreprise.

Un exemple similaire déjà vu pour illustrer l'importance de l'optimisation des coûts et des prix :

Une entreprise fabrique et vend des t-shirts pour 10 euros l'unité. Elle a des coûts de production de 7 euros par t-shirt, ce qui lui laisse une marge brute de 3 euros par unité vendue. Cependant, l'entreprise réalise une analyse de ses coûts et découvre qu'elle peut réduire ses coûts de production à 5 euros par t-shirt en trouvant un fournisseur moins cher pour le tissu et en optimisant ses processus de production.

Cet exemple montre comment l'optimisation des coûts et des prix peut aider une entreprise à améliorer sa rentabilité et sa compétitivité sur le marché.

B. Objectifs de l'optimisation des coûts et des prix

Les objectifs de l'optimisation des coûts et des prix sont multiples. L'objectif principal est d'améliorer la rentabilité de l'entreprise en réduisant les coûts et en augmentant les marges bénéficiaires.

D'autres objectifs incluent la maximisation de la part de marché, l'amélioration de la satisfaction des clients et la création d'un avantage concurrentiel durable.

II. Optimisation des coûts

L'optimisation des coûts est une stratégie pour toute entreprise qui cherche à améliorer sa rentabilité et à maintenir sa compétitivité sur le marché. Cette optimisation consiste à identifier et à réduire les coûts superflus tout en maintenant ou en améliorant la qualité des produits et des services offerts.

A. Identification des coûts inutiles

L'identification des coûts inutiles consiste à identifier les dépenses qui ne contribuent pas à la création de valeur pour l'entreprise. Cela peut inclure des dépenses liées à des activités non essentielles, des processus inefficaces, des produits ou services non rentables, des gaspillages de matières premières, des coûts de stockage excessifs, etc. L'objectif est de réduire ces coûts pour améliorer la rentabilité globale de l'entreprise.

Un exemple d'identification de coûts inutiles pourrait être celui d'une entreprise qui utilise des équipements ou des fournitures coûteux, alors qu'il existe des alternatives moins chères et tout aussi efficaces.

Par exemple, une entreprise qui utilise des équipements coûteux pour la production de ses produits peut envisager d'utiliser des équipements moins coûteux, mais tout aussi efficaces. De même, une entreprise qui utilise des fournitures de bureau coûteuses peut envisager de passer à des fournitures moins chères pour économiser de l'argent.

Le fait d'identifier et éliminer ces coûts inutiles va permettre à l'entreprise de réduire ses dépenses, augmenter sa rentabilité et améliorer sa compétitivité sur le marché.

B. Rationalisation des processus

La rationalisation des processus consiste à revoir les différentes étapes d'un processus afin d'identifier les étapes inutiles ou redondantes, de les éliminer ou de les optimiser pour réduire les coûts et améliorer l'efficacité.

Un exemple d'optimisation des processus est la mise en place d'un système de gestion de la chaîne d'approvisionnement qui permet de réduire les délais de livraison et d'optimiser la gestion des stocks..

Supposons qu'une entreprise de production de meubles utilise actuellement deux machines différentes pour fabriquer ses produits, mais que ces machines sont toutes deux équipées de fonctions similaires qui se chevauchent. En rationalisant le processus de production et en ne conservant qu'une seule machine, l'entreprise pourrait économiser sur les coûts de maintenance, de réparation et d'exploitation, tout en améliorant l'efficacité de la production.

C. Utilisation des nouvelles technologies

Les nouvelles technologies peuvent aider à optimiser les coûts de différentes manières.

Par exemple, l'utilisation de logiciels de gestion de la chaîne d'approvisionnement peut permettre une meilleure planification des commandes, réduire les coûts de stockage et améliorer la coordination entre les différents départements de l'entreprise.

De même, l'utilisation de logiciels de suivi des performances et d'analyse de données peut aider à identifier les inefficacités et à mettre en place des stratégies pour les éliminer. L'automatisation des processus peut également réduire les coûts liés à la main-d'œuvre et améliorer l'efficacité globale.

Un exemple d'utilisation de nouvelles technologies pour optimiser les coûts et les prix est l'utilisation de logiciels de gestion de la chaîne d'approvisionnement. Ces logiciels permettent d'optimiser la gestion des stocks, d'automatiser les processus de commande et de livraison, et de suivre en temps réel les coûts associés à chaque étape du processus.

L'utilisation de ces logiciels, aide les entreprises à réduire les coûts de main-d'œuvre, minimiser les erreurs de commande et de livraison, et mieux planifier les niveaux de stocks pour éviter les surplus et les pénuries. Tout cela contribue à une meilleure rentabilité et à des prix plus compétitifs pour les clients.

D. Négociation avec les fournisseurs

La négociation avec les fournisseurs est un moyen courant pour les entreprises d'optimiser les coûts. En effet, les fournisseurs sont des partenaires clés pour l'entreprise, en leur fournissant des matières premières, des équipements et des services.

Négocier avec les fournisseurs peut permettre de réduire les coûts d'achat et ainsi augmenter la marge bénéficiaire de l'entreprise.

Par exemple, une entreprise peut négocier avec un fournisseur pour obtenir des remises sur les achats en gros, des conditions de paiement plus avantageuses, ou encore des tarifs préférentiels en échange d'un volume d'achat plus important.

Supposons qu'une entreprise de fabrication de produits électroniques achète des composants électroniques auprès d'un fournisseur. Elle paie actuellement 100 $ par composant, mais elle trouve un autre fournisseur qui propose le même composant pour 80 $. En négociant avec le fournisseur actuel, l'entreprise peut peut-être obtenir un prix inférieur à 80 $, ce qui réduirait ses coûts de production et augmenterait sa marge bénéficiaire.

Par exemple, si elle parvient à négocier un prix de 75 $ par composant, elle économiserait 25 $ par composant, ce qui se traduirait par des économies significatives à long terme.

Il est également possible de trouver un équilibre entre la négociation avec les fournisseurs et la qualité des produits et services achetés. Une réduction des coûts d'achat ne doit pas compromettre la qualité des produits ou services de l'entreprise.

E. Amélioration de l'efficacité énergétique

Enfin, l'optimisation des coûts peut également passer par l'amélioration de l'efficacité énergétique de l'entreprise. Elle peut être réalisée en installant des équipements économes en énergie, en utilisant des sources d'énergie renouvelable ou en améliorant l'isolation et l'étanchéité des bâtiments.

L'amélioration de l'efficacité énergétique peut non seulement réduire les coûts d'énergie, mais également améliorer l'image de l'entreprise en matière de responsabilité environnementale.

Un exemple d'amélioration de l'efficacité énergétique pour optimiser les coûts pourrait être l'installation de panneaux solaires sur le toit d'une entreprise. Ce qui permettra de réduire la consommation d'électricité provenant du réseau et ainsi de diminuer les coûts d'électricité. De plus, l'entreprise pourrait potentiellement vendre l'énergie excédentaire produite par les panneaux solaires à un prix avantageux, ce qui augmenterait les revenus et améliorerait également la rentabilité.

Ces différentes stratégies peuvent aider les entreprises à réduire les coûts, augmenter leur rentabilité et améliorer leur compétitivité sur le marché.

III. Optimisation des prix

L'optimisation des prix est une stratégie importante pour les entreprises qui cherchent à maximiser leurs bénéfices en proposant des prix compétitifs tout en préservant leur rentabilité. Cette optimisation consiste à déterminer le prix optimal pour les produits et les services en tenant compte de divers facteurs tels que les coûts, la demande et la concurrence.

A. Compréhension de la demande

La compréhension de la demande consiste à bien comprendre les besoins et les attentes des clients, ainsi que les tendances du marché et les évolutions de la concurrence. l'entreprise devra bien cerner les segments de clientèle, leurs comportements d'achat, leurs préférences et leurs contraintes pour pouvoir proposer des produits et services adaptés et innovants.

Il est conseillé de surveiller les tendances du marché pour anticiper les évolutions et les besoins émergents. Ce qui va permettre de proposer des offres différenciées et de se positionner efficacement par rapport à la concurrence.

Prenons l'exemple d'une entreprise qui vend des vêtements pour femmes. Elle peut utiliser différentes sources pour comprendre les tendances de la demande de ses clients.

Tout d'abord, elle peut analyser les données de ventes de ses produits pour identifier les articles les plus vendus et les périodes de l'année où les ventes sont les plus élevées. Elle peut également recueillir les commentaires et les opinions des clients via des enquêtes, des réseaux sociaux ou des plateformes d'évaluation pour comprendre ce qu'ils recherchent en termes de style, de qualité et de prix.

En outre, l'entreprise peut utiliser des outils d'analyse de marché pour identifier les tendances émergentes dans l'industrie de la mode et surveiller les mouvements de ses concurrents. Elle peut également consulter des experts de l'industrie, des designers de mode et des blogueurs pour comprendre les tendances actuelles et à venir.

Grâce à ces différentes sources, l'entreprise peut mieux comprendre les besoins et les préférences de ses clients, ce qui lui permet de mieux adapter sa stratégie de marketing et de développement de produits pour répondre à leurs attentes.

B. Analyse de la concurrence

L'analyse de la concurrence consiste à étudier les entreprises qui proposent des produits ou services similaires à ceux de l'entreprise en question. Elle permet de comprendre comment fonctionne le marché, de déterminer les avantages concurrentiels et les faiblesses de l'entreprise et d'identifier les opportunités pour se différencier des concurrents.

Les éléments clés à analyser dans une étude de la concurrence sont les suivants :

Les produits et services proposés : il faut comprendre les caractéristiques des produits ou services concurrents, leurs avantages et leurs inconvénients.

Les prix pratiqués : connaître les tarifs proposés par les concurrents et leur politique de prix.

La communication : il est utile de comprendre comment les concurrents communiquent sur leurs produits et services, ainsi que leur image de marque.

La clientèle cible : identifier la clientèle ciblée par les concurrents, leur profil et leurs besoins.

La distribution : il est utile de comprendre comment les concurrents distribuent leurs produits ou services, les canaux de vente utilisés et leur stratégie de distribution.

L'analyse de la concurrence peut être menée à différents niveaux, en fonction des objectifs de l'entreprise. Elle peut être locale, régionale, nationale ou internationale. Elle peut également être quantitative ou qualitative, selon les données disponibles et les objectifs visés.

Exemple : une entreprise qui souhaite lancer une nouvelle gamme de produits alimentaires pour sportifs doit étudier les concurrents qui proposent des produits similaires, tels que des barres énergétiques ou des boissons isotoniques. Elle doit comprendre leur composition, leur goût, leur prix, leur distribution, leur communication, ainsi que la clientèle ciblée. Cette analyse lui permettra de se différencier de la concurrence en proposant des produits innovants, adaptés aux besoins des sportifs et à un prix attractif.

Prenons l'exemple d'une entreprise de vente de chaussures en ligne. L'entreprise a identifié deux concurrents directs : une grande chaîne de magasins de chaussures en ligne et une entreprise de vente de chaussures de luxe en ligne.

Part de marché : La grande chaîne de magasins de chaussures en ligne détient environ 40 % de la part de marché, tandis que l'entreprise de vente de chaussures de luxe en ligne détient environ 10 % de la part de marché.

Stratégie commerciale : *La grande chaîne de magasins de chaussures en ligne se concentre sur une large gamme de produits à des prix compétitifs.*

L'entreprise de vente de chaussures de luxe en ligne se concentre sur une gamme plus restreinte de chaussures haut de gamme à des prix plus élevés.

Forces et faiblesses : *La grande chaîne de magasins de chaussures en ligne a un avantage concurrentiel grâce à sa gamme de produits variée et à ses prix compétitifs. Cependant, ils peuvent avoir des problèmes de qualité de service, en raison de la grande quantité de commandes qu'ils traitent quotidiennement.*

L'entreprise de vente de chaussures de luxe en ligne a un avantage concurrentiel en raison de la qualité de ses produits, mais leur marché est plus restreint en raison des prix plus élevés.

Stratégie de différenciation : *L'entreprise de vente de chaussures en ligne peut élaborer une stratégie de différenciation en se concentrant sur la qualité de son service client, en offrant une expérience d'achat personnalisée et en proposant une gamme de chaussures plus unique que la grande chaîne de magasins de chaussures en ligne.*

Pour se différencier de l'entreprise de vente de chaussures de luxe en ligne, ils peuvent offrir une gamme de chaussures de qualité supérieure à des prix plus abordables, ou se concentrer sur une gamme plus large de styles et de tailles de chaussures pour répondre aux besoins de plus de clients.

C. Positionnement de l'entreprise sur le marché

Le positionnement de l'entreprise sur le marché est la façon dont elle se présente et est perçue par les consommateurs par rapport à ses concurrents directs et indirects.

L'entreprise doit comprendre comment elle est perçue par ses clients afin de pouvoir développer une stratégie de marketing efficace et se différencier de ses concurrents.

Comment établir le positionnement de l'entreprise sur le marché :

Définir le public cible : l'entreprise doit comprendre qui sont ses clients potentiels et quels sont leurs besoins et leurs préférences. Cela aidera à définir les produits ou services qui seront offerts et la façon de les commercialiser.

Analyser la concurrence : comme mentionné précédemment, l'analyse de la concurrence permettra de comprendre comment l'entreprise se positionne par rapport à ses concurrents. Cela pourra aider à identifier les domaines où l'entreprise peut se différencier.

Élaborer une proposition de valeur unique : l'entreprise doit identifier ce qui la rend unique et différente de ses concurrents. Cela inclut une qualité de service supérieure, des prix compétitifs, des produits innovants, etc.

Définir le message de la marque : l'entreprise doit définir un message clair qui reflète sa proposition de valeur unique et qui sera communiqué à ses clients. Ce message doit être cohérent et refléter les valeurs de l'entreprise.

Établir un positionnement sur le marché : en utilisant les informations recueillies lors des étapes précédentes, l'entreprise doit déterminer comment elle veut être perçue par ses clients.

Par exemple, l'entreprise peut vouloir être considérée comme une marque haut de gamme ou comme une marque offrant des produits abordables. Le positionnement de l'entreprise sur le marché est un processus continu qui nécessite une surveillance régulière et une adaptation en fonction des tendances et des changements sur le marché.

Prenons l'exemple d'une entreprise de vente de produits alimentaires biologiques en ligne.

Public cible : *l'entreprise cible principalement les consommateurs soucieux de leur santé et de l'environnement, qui préfèrent les produits alimentaires biologiques et naturels.*

Analyse de la concurrence : *les concurrents directs de l'entreprise sont d'autres sites de vente de produits alimentaires biologiques en ligne. Les concurrents indirects peuvent inclure les supermarchés traditionnels, les magasins d'aliments naturels et les agriculteurs locaux.*

Proposition de valeur unique : *l'entreprise se différencie de ses concurrents en offrant une gamme de produits biologiques certifiés de haute qualité et en mettant l'accent sur l'expérience client, notamment en proposant des recettes, des conseils santé et des promotions exclusives pour les abonnés.*

Message de la marque : *le message de la marque de l'entreprise est "Manger sainement n'a jamais été aussi facile", qui reflète l'engagement de l'entreprise à rendre les produits alimentaires biologiques plus accessibles aux consommateurs.*

Positionnement sur le marché : *l'entreprise vise à être perçue comme une marque de confiance et de qualité, offrant des produits alimentaires biologiques de haute qualité à des prix abordables, avec un accent sur l'expérience client.*

le fait de surveiller régulièrement les tendances du marché et adapter son offre de produits et sa stratégie de marketing en conséquence, l'entreprise peut maintenir son positionnement unique sur le marché et continuer à répondre aux besoins de ses clients cibles.

D. Offrir des promotions et des réductions de prix

Offrir des promotions et des réductions de prix peut être un moyen efficace de stimuler les ventes et de fidéliser les clients existants.

Comment prendre en compte l'offre de promotions et de réductions de prix :

Définir les objectifs de la promotion : *avant de mettre en place une promotion, l'entreprise doit déterminer ce qu'elle cherche à accomplir, qu'il s'agisse d'attirer de nouveaux clients, de stimuler les ventes auprès de clients existants ou de se débarrasser de stocks excédentaires.*

Déterminer les marges bénéficiaires : *l'entreprise doit prendre en compte les coûts associés à la promotion et s'assurer que la réduction de prix ne nuira pas à sa rentabilité à long terme. Il est important de calculer les marges bénéficiaires pour chaque produit afin de déterminer le montant de la réduction de prix qui peut être offert sans perdre de l'argent.*

Élaborer une stratégie de tarification : *l'entreprise peut décider d'offrir une réduction de prix sur un produit ou une catégorie de produits, ou d'offrir une réduction pour une période de temps limitée. Il est important de communiquer clairement les conditions de la promotion aux clients.*

Communiquer la promotion : *une fois la promotion définie, l'entreprise doit la communiquer efficacement aux clients. Cela peut inclure la publicité sur les réseaux sociaux, l'envoi d'e-mails marketing ou la publication d'annonces sur le site web de l'entreprise.*

Mesurer les résultats : *l'entreprise doit mesurer l'efficacité de la promotion en suivant les ventes et les retours sur investissement. Cela permettra d'identifier les promotions qui ont été les plus efficaces et d'ajuster la stratégie à l'avenir.*

Enfin, il faut penser à mettre en place une stratégie cohérente pour éviter de nuire à la rentabilité de l'entreprise à long terme.

E. Différentiation des produits

L'entreprise peut différencier ses produits pour justifier des prix plus élevés. Cette différenciation peut être réalisée par la qualité, la marque, les fonctionnalités ou la valeur ajoutée des produits ou services proposés.

Celle-ci doit être capable de communiquer cette différenciation aux clients pour justifier les prix plus élevés.

La combinaison de ces différentes stratégies vont permettre à l'entreprise d'optimiser ses prix pour maximiser ses revenus et sa rentabilité tout en restant compétitive sur le marché.

Ce qui nécessite une compréhension approfondie des préférences des clients, de la concurrence et de la valeur ajoutée de ses produits ou services.

IV. Conclusion

A. L 'optimisation des coûts et des prix pour l'entreprise

L'optimisation des coûts et des prix est importante pour assurer la rentabilité et la survie à long terme de l'entreprise.
Le fait de minimiser les coûts et de maximiser les prix, l'entreprise peut augmenter ses marges bénéficiaires et améliorer sa compétitivité sur le marché.

B. Les avantages d'une approche d'optimisation des coûts et des prix

Les avantages d'une approche d'optimisation des coûts et des prix sont nombreux. Elle permet à l'entreprise de mieux comprendre ses coûts et ses marges bénéficiaires, d'améliorer son efficacité opérationnelle, de maximiser ses ventes et ses revenus, et de maintenir sa compétitivité sur le marché.

C. L'importance d'une mise en œuvre efficace des stratégies d'optimisation des coûts et des prix

Une mise en œuvre efficace des stratégies d'optimisation des coûts et des prix est essentielle pour maximiser les avantages pour l'entreprise. Ce qui implique une compréhension approfondie des coûts et des prix, une mise en œuvre cohérente et une surveillance régulière pour s'assurer que les stratégies sont efficaces. L'entreprise doit également être prête à s'adapter et à ajuster ses stratégies en fonction des changements sur le marché et des besoins des clients

PARTIE 9 : Gestion des stocks et des approvisionnements

I. Introduction

La gestion des stocks et des approvisionnements est une fonction vitale pour toute entreprise qui produit ou vend des biens physiques. Elle consiste à gérer l'approvisionnement en matières premières, en produits semi-finis ou finis, ainsi que le stockage et la distribution de ces produits. Une mauvaise gestion des stocks et des approvisionnements peut entraîner des pertes financières importantes pour l'entreprise, des pénuries de stock ou des retards de livraison pour les clients.

A. Définition de la gestion des stocks

La gestion des stocks consiste à gérer de manière efficace les niveaux de stocks de l'entreprise, de la commande de matières premières jusqu'à la livraison des produits finis aux clients. Elle vise à assurer une disponibilité constante des produits tout en minimisant les coûts associés à la gestion des stocks.

B. Objectifs de la gestion des stocks

Les objectifs de la gestion des stocks sont multiples et peuvent varier en fonction de l'entreprise et de ses besoins spécifiques.

Cependant, les principaux objectifs incluent :

Assurer une disponibilité constante des produits pour répondre aux demandes des clients

Réduire les coûts de stockage en minimisant les niveaux de stocks excessifs

Minimiser les coûts associés à la gestion des stocks, tels que les coûts de transport, les coûts de main-d'œuvre, les coûts de stockage et les coûts de gestion des commandes

Optimiser la gestion des stocks pour réduire les retours et les pertes associées aux produits périmés, endommagés ou obsolètes

Identifier les tendances de la demande et anticiper les fluctuations pour adapter la gestion des stocks en conséquence

C. Les différents types de stocks

Les différents types de stocks incluent :

Les matières premières : ce sont les matières premières utilisées pour produire les produits finis.

Les produits en cours de fabrication : il s'agit des produits qui ont été partiellement fabriqués et qui sont en attente d'être transformés en produits finis.

Les produits finis : il s'agit des produits finis prêts à être livrés aux clients.

Les stocks de sécurité : il s'agit d'un stock tampon permettant de répondre aux fluctuations de la demande ou aux retards de livraison des fournisseurs.

D. Les méthodes de gestion des stocks

Les méthodes de gestion des stocks comprennent :

La méthode du coût moyen pondéré : elle consiste à calculer le coût moyen pondéré de tous les stocks disponibles pour déterminer le coût unitaire de chaque produit.

La méthode du premier entré, premier sorti (PEPS) : elle consiste à épuiser les stocks les plus anciens en premier.

La méthode du dernier entré, premier sorti (DEPS) : elle consiste à épuiser les stocks les plus récents en premier.

La méthode de l'inventaire permanent : elle permet de suivre en temps réel les niveaux de stocks disponibles.

La méthode de l'inventaire intermittent : elle consiste à effectuer des comptages périodiques pour déterminer les niveaux de stocks.

Chaque méthode de gestion des stocks présente des avantages et des inconvénients, et le choix de la méthode dépend des besoins spécifiques de chaque entreprise.

II. Gestion des stocks

La gestion des stocks est une pratique pour toute entreprise qui cherche à s'assurer que les produits sont disponibles en quantité suffisante pour répondre à la demande des clients tout en minimisant les coûts liés à la détention des stocks. Cette gestion consiste à surveiller et à contrôler les niveaux de stock, ainsi qu'à optimiser les processus de réapprovisionnement.

A. Définition de la gestion des stocks

La gestion des stocks consiste à gérer de manière efficace les niveaux de stocks de l'entreprise, de la commande de matières premières jusqu'à la livraison des produits finis aux clients.

Elle vise à assurer une disponibilité constante des produits tout en minimisant les coûts associés à la gestion des stocks.   .

B. Objectifs de la gestion des stocks

Les objectifs de la gestion des stocks sont multiples et peuvent varier en fonction de l'entreprise et de ses besoins spécifiques.

Les principaux objectifs incluent :

Assurer une disponibilité constante des produits pour répondre aux demandes des clients

Réduire les coûts de stockage en minimisant les niveaux de stocks excessifs

Minimiser les coûts associés à la gestion des stocks, tels que les coûts de transport, les coûts de main-d'œuvre, les coûts de stockage et les coûts de gestion des commandes

Optimiser la gestion des stocks pour réduire les retours et les pertes associées aux produits périmés, endommagés ou obsolètes

Identifier les tendances de la demande et anticiper les fluctuations pour adapter la gestion des stocks en conséquence.

C. Les différents types de stocks

Les différents types de stocks incluent :

Les matières premières : ce sont les matières utilisées pour produire les produits finis.

Les produits en cours de fabrication : il s'agit des produits qui ont été partiellement fabriqués et qui sont en attente d'être transformés en produits finis.

Les produits finis : il s'agit des produits finis prêts à être livrés aux clients.

Les stocks de sécurité : il s'agit d'un stock tampon permettant de répondre aux fluctuations de la demande ou aux retards de livraison des fournisseurs.

D. Les méthodes de gestion des stocks

Les méthodes de gestion des stocks comprennent :

La méthode du coût moyen pondéré : elle consiste à calculer le coût moyen pondéré de tous les stocks disponibles pour déterminer le coût unitaire de chaque produit.

La méthode du premier entré, premier sorti (PEPS) : elle consiste à épuiser les stocks les plus anciens en premier.

La méthode du dernier entré, premier sorti (DEPS) : elle consiste à épuiser les stocks les plus récents en premier.

La méthode de l'inventaire permanent : elle permet de suivre en temps réel les niveaux de stocks disponibles.

La méthode de l'inventaire intermittent : elle consiste à effectuer des comptages périodiques pour déterminer les niveaux de stocks.

Chaque méthode de gestion des stocks présente des avantages et des inconvénients, et le choix de la méthode dépend des besoins spécifiques de chaque entreprise.

III. Gestion des approvisionnements

Cette gestion consiste à s'assurer que les matières premières, les fournitures et les équipements nécessaires sont disponibles en temps voulu et au meilleur coût possible.

A. Définition de la gestion des approvisionnements

La gestion des approvisionnements (ou **gestion de la chaîne d'approvisionnement**) est l'ensemble des activités et des processus impliqués dans l'acquisition de matières premières, de produits finis ou semi-finis, de fournitures et de services nécessaires pour assurer le fonctionnement d'une entreprise ou d'une organisation.

Cette gestion implique la planification, l'organisation, la mise en œuvre, le suivi et la gestion des flux de produits, d'informations et de finances tout au long de la chaîne d'approvisionnement, depuis les fournisseurs jusqu'aux clients finaux. Elle vise à assurer que les matières premières et les produits sont disponibles en temps voulu, au bon endroit, en quantités suffisantes et à un coût raisonnable.

Les activités de la gestion des approvisionnements comprennent notamment la sélection des fournisseurs, la négociation des contrats, la gestion des stocks, la gestion des transports et des entrepôts, le suivi de la qualité des produits, la gestion des risques et la mise en place de stratégies pour améliorer l'efficacité et la rentabilité de la chaîne d'approvisionnement.

B. Objectifs de la gestion des approvisionnements

La gestion des approvisionnements a pour objectifs principaux de garantir la disponibilité des matières premières, des fournitures, des équipements et des services nécessaires à l'entreprise pour fonctionner efficacement et atteindre ses objectifs stratégiques.

Les objectifs spécifiques de la gestion des approvisionnements :

Garantir la qualité des produits et services : la gestion des approvisionnements doit s'assurer que les produits et services fournis répondent aux exigences de qualité de l'entreprise et de ses clients.

Réduire les coûts d'achat :l'objectif est de réduire les coûts liés à l'achat des matières premières, des fournitures, des équipements et des services, tout en maintenant la qualité des produits et services.

Optimiser la gestion des stocks : l'objectif est d'optimiser la gestion des stocks afin de minimiser les coûts liés à la gestion des stocks tout en garantissant la disponibilité des produits.

Réduire les délais de livraison : la gestion des approvisionnements doit s'assurer que les fournisseurs livrent les produits et services dans les délais requis pour éviter les retards de production.

Améliorer la relation avec les fournisseurs : l'objectif est de construire une relation durable avec les fournisseurs pour garantir la disponibilité des matières premières et des fournitures et obtenir de meilleures conditions d'achat.

Réduire les risques d'approvisionnement :l'objectif est de minimiser les risques liés à l'approvisionnement en mettant en place des plans de continuité d'activité pour faire face aux événements imprévus qui pourraient affecter l'approvisionnement.

Un exemple concret d'objectifs de gestion des approvisionnements serait celui d'une entreprise de fabrication de produits électroniques. Les objectifs de gestion des approvisionnements de cette entreprise pourraient être :

Garantir la qualité des composants électroniques : l'entreprise doit s'assurer que les composants électroniques achetés répondent aux normes de qualité de l'industrie et de ses clients pour garantir la qualité de ses produits.

Réduire les coûts d'achat de composants électroniques : l'objectif est de négocier des prix compétitifs avec les fournisseurs tout en maintenant la qualité des composants électroniques.

Optimiser la gestion des stocks de composants électroniques : l'entreprise doit surveiller et ajuster en permanence les niveaux de stock de composants électroniques pour éviter les surstocks et les ruptures de stock, tout en minimisant les coûts associés.

Réduire les délais de livraison de composants électroniques : l'entreprise doit travailler avec ses fournisseurs pour obtenir des délais de livraison rapides et fiables afin de minimiser les retards de production.

Améliorer la relation avec les fournisseurs de composants électroniques : l'entreprise doit collaborer étroitement avec ses fournisseurs pour garantir la disponibilité des composants électroniques, améliorer la qualité des produits et services fournis, et obtenir des prix et des conditions d'achat avantageux

En résumé, la gestion des approvisionnements vise à garantir la disponibilité des matières premières, des fournitures, des équipements et des services nécessaires à l'entreprise pour fonctionner efficacement tout en réduisant les coûts et les risques associés.

C. Les étapes de la gestion des approvisionnements

La gestion des approvisionnements peut être divisée en plusieurs étapes :

L'identification des besoins : Cette étape consiste à identifier les besoins en termes de produits et services nécessaires pour le bon fonctionnement de l'entreprise.

L'analyse des fournisseurs : Il s'agit d'évaluer les fournisseurs potentiels pour chaque type de produit ou service, en prenant en compte des critères tels que la qualité, les coûts, la capacité de production, la réputation et la proximité géographique.

La sélection des fournisseurs : Cette étape consiste à choisir les fournisseurs les plus adaptés en fonction des critères d'analyse.

La négociation des contrats : Les contrats sont négociés en fonction des termes et conditions les plus favorables pour l'entreprise.

Le suivi des approvisionnements : Il s'agit de surveiller les approvisionnements pour s'assurer que les produits et services sont livrés dans les délais et en quantités suffisantes.

L'évaluation de la performance des fournisseurs : Les performances des fournisseurs sont évaluées périodiquement en fonction de critères prédéfinis tels que la qualité, le coût, la ponctualité, etc.

D. Les méthodes de gestion des approvisionnements

Méthodes de gestion des approvisionnements :

La gestion des stocks : Il s'agit de la méthode la plus courante, qui consiste à stocker les produits et les matières premières dans des entrepôts et à les gérer en fonction des besoins de l'entreprise.

La méthode du Juste à Temps (JAT) : Cette méthode consiste à recevoir les produits et matières premières au moment où ils sont nécessaires à la production, plutôt que de les stocker à l'avance.

La méthode de l'analyse de la valeur : Cette méthode consiste à évaluer les coûts et la valeur des produits et services achetés, afin de maximiser la valeur ajoutée pour l'entreprise.

La méthode de l'externalisation : Cette méthode consiste à externaliser la production de certaines pièces ou produits à des fournisseurs spécialisés, afin de réduire

IV. Optimisation de la gestion des stocks et des approvisionnements

A. Utilisation d'un logiciel de gestion des stocks et des approvisionnements

L'utilisation d'un logiciel de gestion des stocks et des approvisionnements est une méthode courante pour optimiser la gestion de ces deux activités. Ces logiciels permettent de suivre en temps réel les niveaux de stocks et les mouvements d'inventaire, de planifier les approvisionnements, de gérer les commandes et de prévoir les besoins futurs en matière de stockage.

B. La mise en place d'un système de gestion des stocks just-in-time

Le système de gestion des stocks **just-in-time (JIT)** permet de minimiser les coûts de stockage en ne stockant que les quantités de produits nécessaires à la production ou à la vente immédiate. Le **JIT** nécessite une bonne coordination avec les fournisseurs, qui doivent être en mesure de livrer rapidement les matériaux ou les produits finis.

C. La collaboration avec les fournisseurs

La collaboration avec les fournisseurs implique de travailler en étroite collaboration avec les fournisseurs pour améliorer la qualité des produits, réduire les coûts, augmenter l'efficacité de la chaîne d'approvisionnement et stimuler l'innovation.

Cette collaboration peut prendre différentes formes, telles que le partage de données et d'informations, l'élaboration de plans de production conjoints, la mise en place de programmes de formation et d'amélioration de la qualité, la mise en place de systèmes de gestion de la qualité communs, la mise en place de programmes de développement de nouveaux produits et l'évaluation des performances des fournisseurs.

Le fait de collaborer avec les fournisseurs peut avoir des avantages significatifs pour les deux parties. Les fournisseurs peuvent bénéficier d'une plus grande stabilité des commandes et d'une relation à plus long terme avec leurs clients, ainsi que d'un accès à des informations et des technologies qui peuvent les aider à améliorer leur efficacité et leur rentabilité. Les clients, quant à eux, peuvent bénéficier d'une plus grande fiabilité de la chaîne d'approvisionnement, d'une meilleure qualité des produits et d'une réduction des coûts.

Cependant, la collaboration avec les fournisseurs peut également présenter des défis. Il peut être difficile de mettre en place des processus de collaboration efficaces, en particulier avec des fournisseurs situés dans d'autres pays ou travaillant dans des cultures différentes. Il peut également y avoir des conflits d'intérêts entre les fournisseurs et les clients, tels que des divergences sur les prix ou les délais de livraison.

En fin de compte, la collaboration avec les fournisseurs peut aider les entreprises à améliorer la qualité des produits, à réduire les coûts et à stimuler l'innovation.

Cependant, cela nécessite une planification minutieuse, des processus efficaces et une communication ouverte et transparente entre les fournisseurs et les clients.

D. La gestion des stocks obsolètes

La gestion des stocks obsolètes consiste à gérer et à éliminer les stocks qui ne peuvent plus être vendus ou utilisés en raison de leur ancienneté, de leur faible demande ou de leur non-conformité aux normes et aux réglementations en vigueur. Cette technique de gestion des stocks est importante pour réduire les coûts de stockage et minimiser les pertes financières.

Étapes pour gérer les stocks obsolètes :

Identification des stocks obsolètes : il faut mettre en place un processus pour identifier les produits qui ne sont plus utilisés ou vendus, par exemple, en effectuant un audit régulier des stocks ou en utilisant un logiciel de gestion des stocks pour suivre les mouvements de stocks.

Évaluation de la valeur des stocks obsolètes : une fois les produits identifiés, il faut évaluer leur valeur actuelle et leur coût d'acquisition. Cette évaluation aidera à déterminer si les produits peuvent être vendus à un prix réduit ou s'ils doivent être éliminés.

Détermination de la méthode de disposition : en fonction de la valeur des stocks obsolètes, différentes méthodes de disposition peuvent être utilisées.

Par exemple, les produits peuvent être vendus à un prix réduit, donnés à des œuvres de bienfaisance, recyclés ou éliminés de manière appropriée.

Mise en place d'un plan d'action : après avoir déterminé la méthode de disposition, mettre en place un plan d'action pour gérer les stocks obsolètes. Ce plan doit inclure des mesures pour minimiser les pertes financières et pour éviter que des stocks obsolètes ne s'accumulent à nouveau.

Suivi et évaluation des résultats : suivre les résultats du plan d'action pour évaluer son efficacité et apporter des ajustements si nécessaire. Cela peut aider à améliorer la gestion des stocks à l'avenir et à réduire les coûts associés aux stocks obsolètes.

Un exemple de stocks obsolètes pourrait être des produits alimentaires qui ont dépassé leur date de péremption. Ces produits ne peuvent plus être vendus et doivent être éliminés de manière appropriée pour éviter les risques pour la santé des consommateurs et pour respecter les réglementations en vigueur.

Un autre exemple de stocks obsolètes pourrait être des produits électroniques qui sont devenus obsolètes en raison de l'évolution rapide de la technologie. Ces produits peuvent ne plus être demandés par les clients et leur valeur a diminué, ce qui rend difficile leur vente à un prix rentable. Dans ce cas, les produits pourraient être vendus à un prix réduit ou recyclés de manière appropriée pour éviter qu'ils ne s'accumulent et occupent de l'espace de stockage précieux.

En résumé, la gestion des stocks obsolètes est une technique de gestion des approvisionnements importante pour minimiser les coûts de stockage et éviter les pertes financières associées aux produits qui ne peuvent plus être vendus ou utilisés.

E. La gestion des stocks en consignation

C'est une technique de gestion des approvisionnements où une entreprise conserve des stocks de matières premières ou de produits finis chez un fournisseur ou un prestataire de services tiers, plutôt que dans ses propres entrepôts. Les stocks restent la propriété de l'entreprise jusqu'à leur utilisation ou leur vente, mais sont stockés physiquement chez le fournisseur ou le prestataire de services.

Cette technique de gestion des stocks est souvent utilisée lorsque l'entreprise n'a pas suffisamment d'espace de stockage, lorsqu'elle veut réduire les coûts liés à la gestion de stocks ou lorsqu'elle veut avoir accès rapidement à des stocks de matières premières ou de produits finis.

Avantages de la gestion des stocks en consignation :

Réduction des coûts de stockage : l'entreprise n'a pas besoin d'avoir son propre entrepôt, ce qui réduit les coûts liés à la location, la maintenance et la gestion de l'entrepôt.

Accès rapide aux stocks : les stocks sont physiquement situés chez le fournisseur ou le prestataire de services, ce qui permet à l'entreprise d'avoir accès rapidement aux stocks.

Réduction des risques de rupture de stock : l'entreprise peut garantir la disponibilité des stocks de matières premières ou de produits finis en les stockant chez le fournisseur ou le prestataire de services.

Réduction des coûts de transport : l'entreprise peut économiser sur les coûts de transport, car elle n'a pas besoin de transporter les stocks depuis le fournisseur jusqu'à son entrepôt.

Inconvénients de la gestion des stocks en consignation :

Perte de contrôle : l'entreprise ne dispose pas de contrôle total sur la gestion des stocks, ce qui peut entraîner des problèmes de qualité ou des retards dans la livraison.

Risque de perte : les stocks sont stockés chez un tiers, ce qui peut entraîner un risque de perte ou de vol.

Difficultés de suivi : l'entreprise peut avoir des difficultés à suivre les niveaux de stocks et les mouvements de stocks en temps réel.

Prenons l'exemple d'une entreprise de vente de produits électroniques en ligne. Cette entreprise travaille avec plusieurs fournisseurs de produits électroniques, tels que des téléviseurs, des ordinateurs portables, des téléphones portables, etc. Pour réduire les coûts de stockage et améliorer la disponibilité des produits, l'entreprise décide de mettre en place une gestion des stocks en consignation avec ses fournisseurs.

L'entreprise identifie les produits les plus vendus et les plus demandés par ses clients, tels que les téléphones portables et les ordinateurs portables. Elle décide de stocker ces produits chez ses fournisseurs, plutôt que dans son propre entrepôt. Les fournisseurs stockent les produits dans leurs entrepôts et les gèrent comme s'ils appartenaient à l'entreprise.

En conséquence, l'entreprise peut économiser sur les coûts liés à la gestion de ses propres stocks et améliorer la disponibilité des produits, car les stocks sont stockés physiquement chez les fournisseurs, qui peuvent rapidement expédier les produits à l'entreprise en cas de besoin.

Cependant, l'entreprise doit être consciente des risques liés à la gestion des stocks en consignation, tels que le risque de perte de contrôle et le risque de perte de stocks en cas de vol ou de dommages pendant le transport. Donc, elle doit mettre en place des mesures de contrôle et de suivi pour s'assurer que les stocks sont gérés de manière efficace et que les niveaux de stocks sont surveillés en temps réel.

Dans la gestion des stocks en consignation, le fournisseur stocke les produits pour le compte de l'entreprise, mais c'est toujours l'entreprise qui est responsable de la vente et de la livraison des produits à ses clients.

Lorsqu'un client commande un produit auprès de l'entreprise, l'entreprise passe une commande auprès de son fournisseur. Le fournisseur prépare alors le produit et l'expédie directement à l'entreprise, qui se charge ensuite de la livraison au client final.

Cela permet à l'entreprise de mieux gérer ses stocks et de réduire les coûts de stockage, tout en maintenant un contrôle sur la qualité et la livraison des produits à ses clients.

En résumé, la gestion des stocks en consignation est une technique de gestion des approvisionnements qui offre des avantages en termes de coûts, d'accessibilité et de disponibilité des stocks, mais qui présente également des risques en termes de perte de contrôle et de suivi.

V. Conclusion

Pour conclure, la gestion efficace des stocks et des approvisionnements est un élément essentiel de la chaîne d'approvisionnement pour toute entreprise qui souhaite maximiser ses bénéfices tout en répondant aux besoins de sa clientèle.

Cependant, pour atteindre une gestion optimale, il est crucial de comprendre les défis et les risques associés à cette pratique et de mettre en place des stratégies appropriées pour les minimiser.

A. L'intérêt de la gestion des stocks et des approvisionnements

Elle est importante pour plusieurs raisons :

Réduction des coûts : une gestion efficace des stocks et des approvisionnements permet à l'entreprise de minimiser les coûts d'achat, de stockage et de distribution des matières premières et des produits finis. Elle permet également de réduire les coûts liés aux ruptures de stock, aux surstocks et aux pertes dues à l'obsolescence.

Amélioration de la productivité : une gestion efficace des stocks et des approvisionnements permet de maximiser l'utilisation des ressources de l'entreprise, en garantissant que les matières premières et les produits finis sont disponibles en temps voulu, en quantités suffisantes et au bon endroit. Cela peut aider à améliorer la productivité, à réduire les temps d'arrêt et à augmenter la capacité de production.

Amélioration de la satisfaction des clients : permet de garantir que les produits sont disponibles en temps voulu et en quantités suffisantes pour répondre aux demandes des clients. Ce qui peut aider à améliorer la satisfaction des clients, à augmenter la fidélité et à renforcer la réputation de l'entreprise.

Gestion des risques : une gestion efficace des stocks et des approvisionnements permet de minimiser les risques liés aux fluctuations des prix, aux ruptures de stock, aux retards de livraison et aux problèmes de qualité. Elle permet également de gérer les risques liés aux fournisseurs et aux chaînes d'approvisionnement, en identifiant les risques potentiels et en mettant en place des plans de contingence appropriés.

Enfin, la gestion des stocks et des approvisionnements de l'entreprise peut aider à réduire les coûts, à améliorer la productivité, à améliorer la satisfaction des clients et à gérer les risques. Elle nécessite une planification minutieuse, des processus efficaces et une gestion proactive pour garantir que l'entreprise dispose des matières premières et des produits finis nécessaires pour soutenir ses activités et sa croissance à long terme.

B. Les défis et les risques associés à la gestion des stocks et des approvisionnements

La gestion des stocks et des approvisionnements peut être associée à plusieurs défis et risques pour une entreprise :

La gestion des fluctuations de la demande : les fluctuations de la demande peuvent être difficiles à prévoir, ce qui peut entraîner des surstocks ou des ruptures de stock, ce qui peut avoir un impact négatif sur les ventes et les résultats de l'entreprise.

La gestion des délais de livraison : les délais de livraison des fournisseurs peuvent varier et être imprévisibles, ce qui peut entraîner des retards dans la production et la livraison des produits finis.

La gestion des niveaux de stock : le maintien de niveaux de stock appropriés peut être difficile, en particulier pour les entreprises qui ont des cycles de production longs ou qui ont des produits à faible rotation. Les surstocks peuvent entraîner des coûts de stockage élevés, tandis que les ruptures de stock peuvent entraîner des pertes de vente et des clients mécontents.

La gestion de la qualité des produits : l'obsolescence et la perte de qualité des matières premières et des produits finis peuvent entraîner des pertes importantes pour l'entreprise. Les problèmes de qualité peuvent également entraîner des coûts élevés liés aux retours de produits et aux rappels.

Les risques liés aux fournisseurs : les fournisseurs peuvent être confrontés à des problèmes tels que des faillites, des retards de livraison ou des problèmes de qualité, qui peuvent avoir un impact sur la chaîne d'approvisionnement et l'entreprise.

Les coûts élevés liés à la gestion des stocks et des approvisionnements : la gestion des stocks et des approvisionnements peut être coûteuse, en particulier pour les entreprises qui ont des chaînes d'approvisionnement complexes ou qui ont besoin de stocker des produits coûteux ou de grande valeur.

La gestion des risques liés aux stocks : les stocks peuvent être volés, endommagés ou détruits par des catastrophes naturelles, ce qui peut entraîner des pertes importantes pour l'entreprise.

En somme, la gestion des stocks et des approvisionnements peut être associée à plusieurs défis et risques pour une entreprise, qui peuvent avoir un impact négatif sur les ventes, les résultats et la réputation de l'entreprise. Il est donc important de mettre en place des politiques et des procédures efficaces pour gérer ces risques et minimiser les pertes potentielles.

C. Les stratégies pour optimiser la gestion des stocks et des approvisionnements

Il existe plusieurs stratégies pour optimiser la gestion des stocks et des approvisionnements et améliorer l'efficacité de la chaîne d'approvisionnement, notamment :

La mise en place d'un système de gestion des stocks efficace : cela implique d'avoir une visibilité claire sur les niveaux de stock actuels, les délais de livraison des fournisseurs, les prévisions de demande et les cycles de production. Un tel système peut aider à minimiser les surstocks et les ruptures de stock, et à maintenir des niveaux de stock optimaux.

L'utilisation de la technologie : les outils de gestion des stocks et des approvisionnements basés sur la technologie peuvent aider à automatiser les processus, à améliorer la précision des prévisions de la demande, à réduire les délais de livraison et à minimiser les coûts.

La collaboration avec les fournisseurs : une bonne collaboration avec les fournisseurs peut aider à minimiser les délais de livraison, à améliorer la qualité des produits, à réduire les coûts et à gérer les risques liés aux fournisseurs.

La mise en place d'une gestion proactive des stocks : cela implique de surveiller les niveaux de stock et d'anticiper les fluctuations de la demande pour minimiser les surstocks et les ruptures de stock.

La mise en place d'une stratégie de segmentation des stocks : cette stratégie consiste à classer les produits en fonction de leur rotation, de leur valeur et de leur risque pour mieux gérer les niveaux de stock et les coûts.

La mise en place d'une politique d'optimisation de la logistique : implique de minimiser les coûts de transport, de stockage et de manutention des produits.

La mise en place d'une politique de gestion des risques : mettre en place des mesures pour minimiser les risques liés aux stocks, tels que la mise en place de systèmes de sécurité, l'assurance de stock et la gestion des risques liés aux fournisseurs.

En somme, une gestion efficace des stocks et des approvisionnements peut aider les entreprises à améliorer leur efficacité opérationnelle, à minimiser les coûts et les risques, et à maintenir la satisfaction des clients.

Chers amis lecteurs,

Merci d'avoir pris le temps de lire mon livre. Votre soutien et vos retours sont précieux. Si vous avez trouvé ce livre utile ou émouvant, je vous encourage à laisser un commentaire sur la page du produit où vous l'avez acheté. Votre avis peut aider d'autres personnes et faire connaître ce livre à un plus large public.

Merci de tout cœur,

Kpindotchin Cléopâtre Ouattara

academiecreateurs@gmail.com

Si vous avez des avis à me transmettre sur le sujet ou sur certains éléments du livre, n'hésitez pas à m'écrire à cette adresse email.

Vos retours pourront contribuer à diffuser le maximum d'informations.

PARTIE 10 : Conclusion

A. Les défis de la gestion des coûts et des prix à l'ère de la mondialisation

Dans un contexte de mondialisation des échanges commerciaux, la gestion des coûts et des prix est devenue plus complexe. Les entreprises doivent maintenant faire face à une concurrence accrue et à une pression croissante sur les prix, ce qui peut avoir un impact significatif sur leur rentabilité.

Parmi ces défis, on peut citer :

La volatilité des coûts : les coûts des matières premières, de la main-d'œuvre et des transports peuvent varier considérablement en fonction des fluctuations des marchés internationaux. Les entreprises doivent être en mesure de s'adapter rapidement à ces changements pour maintenir leur rentabilité.

La concurrence internationale : les entreprises doivent faire face à une concurrence internationale accrue, ce qui signifie qu'elles doivent être en mesure de proposer des prix compétitifs tout en maintenant une qualité élevée.

La gestion des risques : les entreprises doivent être en mesure de gérer efficacement les risques liés aux fluctuations des taux de change, aux fluctuations des prix des matières premières et aux incertitudes géopolitiques.

La complexité des chaînes d'approvisionnement : les entreprises opérant dans un environnement mondialisé ont souvent des chaînes d'approvisionnement complexes, ce qui rend la gestion des coûts et des prix plus difficile.

Les réglementations internationales : les entreprises doivent se conformer aux réglementations internationales en matière de commerce, de taxes et de douanes, ce qui peut avoir un impact significatif sur les coûts et les prix.

Comme vu, la gestion des coûts et des prix est un enjeu majeur pour toutes les entreprises, quel que soit leur secteur d'activité. Elle vise à optimiser les coûts de production et à fixer des prix compétitifs pour garantir la rentabilité de l'entreprise à long terme.

Pour atteindre ces objectifs, les entreprises doivent suivre plusieurs étapes majeures, telles que le calcul d'achat, le calcul du coût de revient, le calcul du prix de vente et le calcul du chiffre d'affaires. Elles doivent également planifier à long terme pour maintenir leur rentabilité, notamment en prévoyant les coûts futurs et en ajustant les prix en conséquence.

Les entreprises doivent également être en mesure d'analyser les marges et la rentabilité de leurs produits, d'optimiser les coûts de production, de gérer efficacement leur stock et leurs approvisionnements, tout en faisant face aux défis de la mondialisation.

En résumé

La gestion des coûts et des prix dans un contexte mondialisé représente un défi important pour les entreprises. Pour réussir dans un tel environnement, les entreprises doivent être en mesure de s'adapter rapidement aux changements, de gérer efficacement les risques, de simplifier leurs chaînes d'approvisionnement et de se conformer aux réglementations internationales.

Enfin, la gestion des coûts et des prix est un processus complexe qui nécessite une planification rigoureuse, une analyse des coûts et une surveillance constante de la rentabilité de l'entreprise. En utilisant les outils et les techniques appropriés, les entreprises peuvent atteindre une rentabilité optimale tout en restant compétitives sur le marché. La gestion efficace des coûts et des prix est un élément important de la réussite à long terme de l'entreprise.

B. Tableaux nécessaire

Le calcul d'achat

Un exemple de tableau de calcul d'achat :

Produit	Quantité	Prix unitaire	Total
Produit A	100	10 €	1 000 €
Produit B	50	20 €	1 000 €
Produit C	200	5 €	1 000 €
Total	350		3 000 €

*Dans ce tableau, on peut voir la liste des **produits achetés**, leur **quantité**, leur **prix unitaire** et le **total** de chaque produit. La dernière ligne montre le total général de l'achat, en additionnant les totaux de chaque produit.*

Ce tableau peut être utilisé pour comparer les prix de différents fournisseurs, pour calculer le coût total des achats et pour planifier les budgets d'approvisionnement. Il peut également être utilisé pour suivre les achats et les coûts au fil du temps et pour identifier les tendances et les opportunités d'économies.

Les fournisseurs

Fournisseur	Contact	Téléphone	Email	Produits
Fournisseur A	Jean Dupont	01 23 45 67 89	jean.dupont@fournisseurA.com	Matériel informatique
Fournisseur B	Marie Durand	01 98 76 54 32	marie.durand@fournisseurB.com	Mobilier de bureau
Fournisseur C	Pierre Martin	01 45 67 89 01	pierre.martin@fournisseurC.com	Papeterie, fournitures de bureau
Fournisseur D	Sophie Bernard	01 23 45 67 89	sophie.bernard@fournisseurD.com	Matériel de nettoyage
Fournisseur E	Jacques Dubois	01 23 45 67 89	jacques.dubois@fournisseurE.com	Produits alimentaires

*Dans ce tableau, on peut voir la liste des fournisseurs, leurs coordonnées **(nom, contact, téléphone, email)** et **les produits qu'ils offrent**.*

Ce tableau permet de centraliser toutes les informations importantes pour contacter les fournisseurs et commander les produits dont l'entreprise a besoin. Il peut également être utilisé pour comparer les offres des différents fournisseurs, pour évaluer la qualité de leur service et pour négocier les tarifs.

Tableau de fournisseurs vide

Fournisseur	Contact	Téléphone	Email	Produits offerts

Ce tableau vide, peut être utilisé pour recueillir des informations sur les fournisseurs et les produits qu'ils offrent. Les colonnes peuvent être personnalisées en fonction des besoins de l'entreprise.

Par exemple, il peut être utile d'ajouter une colonne pour les prix, les délais de livraison ou les conditions de paiement.

Il peut être utilisé pour comparer les offres de différents fournisseurs et pour faciliter la prise de décision d'achat.

Coûts à prendre en compte dans le calcul d'achat

Coût	Définition	Exemple
Coût d'achat	Prix du produit acheté auprès du fournisseur	500 €
Coût de transport	Frais de transport pour acheminer le produit jusqu'à l'entreprise	50 €
Coût de stockage	Frais de stockage du produit dans l'entreprise (loyer, électricité, etc.)	100 €
Coût de gestion des stocks	Coûts associés à la gestion des stocks (salaires, formation, etc.)	150 €

Coût de la rupture de stock	Coûts associés à la rupture de stock (perte de ventes, coûts de réapprovisionnement d'urgence, etc.)	200 €
Coût d'obsolescence	Coûts associés à l'obsolescence du produit (perte de valeur, coûts de destruction, etc.)	50 €
Coût total	Somme de tous les coûts	1 050 €

Dans ce tableau, on peut voir les différents coûts à prendre en compte dans le calcul d'achat, ainsi que leur définition et un exemple chiffré. Ces coûts doivent être pris en compte pour déterminer le coût total d'achat du produit, et pour évaluer la rentabilité de l'opération.

Outils à disposition pour faciliter le calcul d'achat

Outil	Description	Avantages
Logiciels de gestion des achats	Permettent de gérer les approvisionnements et d'automatiser le calcul d'achat.	Suivi efficace des stocks, planification des commandes, contrôle des coûts.
Tableurs (Excel, Google Sheets)	Permettent de créer des tableaux de calculs et des modèles pour le calcul d'achat.	Flexibilité, personnalisation, facilité d'utilisation.
Outils de gestion des stocks	Permettent de suivre les niveaux de stocks et de prévoir les besoins en matières premières.	Optimisation des stocks, réduction des coûts liés au stockage.

Outil	Description	Avantages
Systèmes de gestion des fournisseurs	Permettent de gérer les relations avec les fournisseurs et de trouver de nouveaux fournisseurs.	Meilleure visibilité sur les coûts, amélioration de la qualité des produits et des services.
Outils d'analyse de données	Permettent d'analyser les données d'achat et de repérer les opportunités d'économies.	Identification des tendances, réduction des coûts.

Autres outils

Outil	Description	Avantages
Systèmes de suivi des commandes	Permettent de suivre l'avancement des commandes et de s'assurer que les livraisons sont effectuées dans les délais prévus.	Meilleure gestion des délais, réduction des risques d'erreurs.
Logiciels de gestion des finances	Permettent de suivre les flux financiers liés aux achats et de contrôler les coûts.	Meilleure visibilité sur les dépenses, contrôle des coûts.
Systèmes de gestion de la qualité	Permettent de surveiller la qualité des produits et des services achetés.	Amélioration de la qualité des produits et des services, réduction des risques liés à la qualité.
Outils de comparaison des prix	Permettent de comparer les prix des fournisseurs pour un même produit ou service.	Identification des opportunités d'économies, meilleure négociation des prix.

Ces outils peuvent également être utilisés seuls ou en combinaison les uns avec les autres pour faciliter le calcul d'achat et améliorer l'efficacité de la gestion des approvisionnements.

C. Récapitulatif des outils

Pour faciliter le calcul d'achat

Outil	Description	Avantages
Catalogues fournisseurs	Listes de produits et de services proposés par les fournisseurs.	Facilite la comparaison des produits et des services.
Échantillons de produits	Produits fournis gratuitement par les fournisseurs pour être évalués.	Permet de tester la qualité des produits avant de les acheter.
Devis	Document détaillant le coût des produits et des services proposés par les fournisseurs.	Facilite la comparaison des prix et l'évaluation des coûts.
Contrats	Accord écrit entre l'acheteur et le fournisseur définissant les conditions d'achat.	Garantit des conditions d'achat favorables pour l'acheteur et le fournisseur.
Systèmes de suivi des commandes	Permettent de suivre l'avancement des commandes et de s'assurer que les livraisons sont effectuées dans les délais prévus.	Meilleure gestion des délais, réduction des risques d'erreurs.
Logiciels de gestion des finances	Permettent de suivre les flux financiers liés aux achats et de contrôler les coûts.	Meilleure visibilité sur les dépenses, contrôle des coûts.
Systèmes de gestion de la qualité	Permettent de surveiller la qualité des produits et des services achetés.	Amélioration de la qualité des produits et des services, réduction des risques liés à la qualité.

| Outils de comparaison prix | Permettent de comparer les prix des fournisseurs pour un même produit ou service. | Identification des opportunités d'économies, meilleure négociation des prix. |

Ces outils sont utilisés pour faciliter le calcul d'achat et la gestion des approvisionnements. Ils peuvent être utilisés individuellement ou en combinaison pour aider les acheteurs à prendre des décisions éclairées en matière d'achat et à contrôler les coûts.

Le calcul du coût de revient d'un produit

Coût	Montant	Commentaire
Coût d'achat	$X	Coût du produit acheté auprès du fournisseur
Coût de transport	$Y	Coût du transport du produit depuis le fournisseur
Coût de stockage	$Z	Coût de stockage du produit avant sa vente
Coût de main-d'œuvre	$W	Coût de la main-d'œuvre pour la production ou la vente du produit
Coût de l'énergie	$V	Coût de l'énergie nécessaire pour produire ou stocker le produit

Coût des matières premières	$U	Coût des matières premières nécessaires pour produire le produit
Autres coûts	$A	Autres coûts liés à la production ou la vente du produit
Coût total	$B	Coût total de production ou de vente du produit

Prendre en compte tous les coûts associés à la production ou à la vente d'un produit pour calculer le coût de revient.

Cela permet de déterminer le prix de vente optimal pour réaliser des bénéfices tout en restant compétitif sur le marché.

Résume les différentes méthodes de calcul du coût de revient avec des exemples

Méthode de calcul	Description	Exemple
Coût réel	Calcul basé sur les coûts réels encourus pour produire le produit	Une entreprise qui produit des meubles calcule le coût réel d'une chaise en ajoutant les coûts réels de la matière première, de la main-d'œuvre et de l'énergie
Coût standard	Calcul basé sur un coût standard prédéfini pour chaque produit, qui inclut les coûts directs et indirects	Un fabricant de jouets utilise un coût standard de 10 € pour produire une poupée, qui inclut le coût de la matière première, de la main-d'œuvre et des frais généraux

Coût complet	Calcul basé sur tous les coûts encourus pour produire le produit, y compris les coûts directs et indirects, les coûts fixes et les coûts variables	Une entreprise qui produit des ordinateurs calcule le coût complet en ajoutant les coûts de la matière première, de la main-d'œuvre, des frais généraux et des coûts fixes tels que le loyer de l'usine
Coût marginal	Calcul basé sur les coûts additionnels encourus pour produire une unité supplémentaire de produit	Un restaurant calcule le coût marginal en ajoutant les coûts additionnels pour préparer un plat supplémentaire, tels que les ingrédients et la main-d'œuvre

Ces différentes méthodes de calcul permettent d'obtenir des informations précieuses sur les coûts de production et sont utilisées pour aider les entreprises à prendre des décisions éclairées en matière de prix, de production et de rentabilité.

Différentes méthodes de calcul du coût de revient et leurs avantages et inconvénients

Méthode	Description	Avantages	Inconvénients
Coût réel	Calcul basé sur les coûts réels encourus pour produire le produit	Précision du calcul	Difficulté à prévoir les coûts à l'avance
Coût standard	Calcul basé sur un coût standard prédéfini pour chaque produit, qui inclut les coûts directs et indirects	Simplification du calcul	Difficulté à mettre à jour les coûts standards
Coût complet	Calcul basé sur tous les coûts encourus pour produire le produit, y compris les coûts directs et indirects, les coûts fixes et les coûts variables	Compréhension complète des coûts de production	Difficulté à identifier les coûts indirects

| Coût marginal | Calcul basé sur les coûts additionnels encourus pour produire une unité supplémentaire de produit | Simple à calculer | Ne prend pas en compte les coûts fixes |

Ces différentes méthodes peuvent être utilisées en fonction des besoins de l'entreprise et des caractéristiques de ses produits ou services.

Résume les différentes méthodes de calcul du coût de revient avec des exemples

Méthode de calcul	Description	Exemple
Coût réel	Calcul basé sur les coûts réels encourus pour produire le produit	Une entreprise qui produit des meubles calcule le coût réel d'une chaise en ajoutant les coûts réels de la matière première, de la main-d'œuvre et de l'énergie
Coût standard	Calcul basé sur un coût standard prédéfini pour chaque produit, qui inclut les coûts directs et indirects	Un fabricant de jouets utilise un coût standard de 10 € pour produire une poupée, qui inclut le coût de la matière première, de la main-d'œuvre et des frais généraux
Coût complet	Calcul basé sur tous les coûts encourus pour produire le produit, y compris les coûts directs et indirects, les coûts fixes et les coûts variables	Une entreprise qui produit des ordinateurs calcule le coût complet en ajoutant les coûts de la matière première, de la main-d'œuvre, des frais généraux et des coûts fixes tels que le loyer de l'usine
Coût marginal	Calcul basé sur les coûts additionnels encourus pour produire une unité supplémentaire de produit	Un restaurant calcule le coût marginal en ajoutant les coûts additionnels pour préparer un plat supplémentaire, tels que les ingrédients et la main-d'œuvre

Ces différentes méthodes de calcul permettent d'obtenir des informations précieuses sur les coûts de production et sont utilisées pour aider les entreprises à prendre des décisions éclairées en matière de prix, de production et de rentabilité.

Coût réel

Étape du calcul	Description	Exemple
Coût des matières premières	Coût total des matières premières utilisées pour produire le produit	100 €
Coût de la main-d'œuvre	Coût total de la main-d'œuvre utilisée pour produire le produit	50 €
Coût de l'énergie	Coût total de l'énergie utilisée pour produire le produit	20 €
Total des coûts directs	Somme de tous les coûts directs	170 €
Coûts indirects	Coûts liés à la production qui ne sont pas directement attribuables à un produit spécifique, tels que les frais généraux et les coûts de l'équipement	30 €
Coût total	Somme de tous les coûts directs et indirects	200 €

Dans cet exemple, **le coût réel de production du produit est de 200 €.** En utilisant cette méthode, l'entreprise peut avoir une idée précise des coûts de production réels pour déterminer un prix de vente approprié et pour prendre des décisions éclairées en matière de production et de rentabilité.

Coût standard

Étape du calcul	Description	Exemple
Coût standard des matières premières	Coût prévu des matières premières nécessaires pour produire le produit	80 €
Coût standard de la main-d'œuvre	Coût prévu de la main-d'œuvre nécessaire pour produire le produit	40 €
Coût standard de l'énergie	Coût prévu de l'énergie nécessaire pour produire le produit	15 €
Total des coûts standards	Somme de tous les coûts standards	135 €
Écart de matières premières	Différence entre le coût standard et le coût réel des matières premières	-10 €
Écart de main-d'œuvre	Différence entre le coût standard et le coût réel de la main-d'œuvre	5 €
Écart d'énergie	Différence entre le coût standard et le coût réel de l'énergie	2 €
Coûts indirects	Coûts liés à la production qui ne sont pas directement attribuables à un produit spécifique, tels que les frais généraux et les coûts de l'équipement	20 €

| Coût total | Somme de tous les coûts directs et indirects | 152 € |

Dans cet exemple, le coût standard de production du produit est de 135 €. Cependant, il y a des écarts entre les coûts standards prévus et les coûts réels encourus lors de la production.

Cette méthode permet à l'entreprise d'identifier les écarts de coûts et les raisons de ces écarts pour améliorer la rentabilité et la performance de la production.

Le tableau de coût complet permet de calculer le coût total d'un produit en prenant en compte tous les coûts directs et indirects associés à sa production.

Coût complet

Coûts	Montant
Matières premières	5000 €
Main d'œuvre directe	2000 €
Charges sociales sur la main d'œuvre directe	400 €
Charges indirectes de production (électricité, eau, loyer…)	1500 €
Coût de production	8900 €

Coûts de distribution	1500 €
Coûts administratifs et financiers	1200 €
Coût total	11600 €

Dans cet exemple, on peut voir que le coût complet du produit est de 11600 €, ce qui inclut les coûts directs (matières premières et main d'œuvre directe) ainsi que les coûts indirects de production et les coûts de distribution et administratifs.

Le coût complet permet de fixer un prix de vente qui assure la rentabilité de l'entreprise tout en restant compétitif sur le marché.

Le tableau de coût marginal permet de calculer le coût supplémentaire engendré par la production d'une unité supplémentaire.

Coût marginal

Quantité produite	Coûts fixes	Coûts variables	Coût total	Coût marginal
0	1000 €	0 €	1000 €	-
1	1000 €	200 €	1200 €	200 €
2	1000 €	350 €	1350 €	150 €

3	1000 €	450 €	1450 €	100 €
4	1000 €	550 €	1550 €	100 €
5	1000 €	650 €	1650 €	100 €

Dans cet exemple, on peut voir que les coûts fixes sont de 1000 €, ce qui signifie que l'entreprise doit dépenser cette somme même si elle ne produit aucune unité. Les coûts variables augmentent avec la production et représentent le coût des matières premières, de la main-d'œuvre directe et des charges variables. Le coût marginal correspond au coût additionnel engendré par la production d'une unité supplémentaire.

Le coût marginal est utile pour déterminer le niveau de production optimal qui maximise la rentabilité de l'entreprise. En effet, si le coût marginal est inférieur au prix de vente, cela signifie que l'entreprise peut augmenter sa production pour réaliser des profits supplémentaires. Si le coût marginal est supérieur au prix de vente, il est préférable de réduire la production pour éviter des pertes.

Calcul du prix de vente

Coût d'achat	Coût de production	Coût total	Marge bénéficiaire	Prix de vente
10 €	5 €	15 €	10 €	25 €

Dans cet exemple, le coût d'achat est de 10 € par unité, le coût de production est de 5 € par unité et le coût total est de 15 € par unité. La marge bénéficiaire est de 10 € par unité, ce qui signifie que l'entreprise veut réaliser un bénéfice de 10 € par unité vendue. Enfin, le prix de vente est de 25 € par unité, ce qui correspond au coût total plus la marge bénéficiaire.

Il est important de noter que le calcul du prix de vente dépend de nombreux facteurs tels que la demande du marché, les coûts variables et fixes, les objectifs de l'entreprise, etc. Il est donc essentiel de prendre en compte tous ces facteurs lors du calcul du prix de vente.

D. Explication détaillée pour chaque colonne du tableau

Coût d'achat : il s'agit du coût d'achat de chaque unité de produit auprès du fournisseur.

Par exemple, si l'on achète un produit à un fournisseur pour 10 €, le coût d'achat sera de 10 € par unité.

Coût de production : il s'agit du coût nécessaire à la production d'une unité de produit. Ce coût peut inclure le coût des matières premières, de la main-d'œuvre, de l'équipement, etc.

Par exemple, si pour produire une unité de produit, l'entreprise doit dépenser 5 € pour les matières premières et 1 € pour la main-d'œuvre, le coût de production sera de 5 + 1 = 6 €.

Coût total : il s'agit du coût total par unité de produit, qui inclut à la fois le coût d'achat et le coût de production.

Par exemple, si le coût d'achat est de 10 € et le coût de production est de 6 €, le coût total sera de 10 + 6 = 16 €.

Marge bénéficiaire : il s'agit du montant que l'entreprise souhaite gagner sur chaque unité de produit vendue. Cette marge bénéficiaire peut varier en fonction de divers facteurs, tels que les objectifs de l'entreprise, la concurrence, etc.

Par exemple, si l'entreprise souhaite gagner 10 € de marge bénéficiaire sur chaque unité de produit vendue, la marge bénéficiaire sera de 10 €.

Prix de vente : il s'agit du prix auquel l'entreprise vendra chaque unité de produit. Ce prix doit être suffisamment élevé pour couvrir le coût total et la marge bénéficiaire souhaitée.

Par exemple, si le coût total est de 16 € et la marge bénéficiaire souhaitée est de 10 €, le prix de vente sera de 16 + 10 = 26 €.

Le chiffre d'affaires correspond au montant total des ventes réalisées sur une période donnée. Pour le calculer, il suffit de multiplier la quantité vendue de chaque produit par son prix de vente unitaire, et de faire la somme des chiffres d'affaires de chaque produit.

Calcul du chiffre d'affaires

Produit	Quantité vendue	Prix unitaire	Chiffre d'affaires
A	100	10€	1000€
B	200	15€	3000€
C	50	20€	1000€

Total	5000€	

Dans ce tableau, on liste les différents produits vendus, la quantité vendue de chaque produit, le prix unitaire de chaque produit, et le chiffre d'affaires correspondant à chaque produit. Pour obtenir le chiffre d'affaires total, on fait simplement la somme des chiffres d'affaires de chaque produit. ***Dans cet exemple, le chiffre d'affaires total est de 5000€.***

La gestion des coûts et des prix à long terme

Étapes	Actions
Étape 1 : Estimation des coûts	Évaluer tous les coûts directs et indirects associés à la production, à la promotion et à la distribution du produit. Déterminer le coût unitaire du produit.
Étape 2 : Détermination de la marge bénéficiaire désirée	Établir la marge bénéficiaire souhaitée sur chaque produit. Cela dépendra des objectifs de l'entreprise et de la concurrence sur le marché.
Étape 3 : Calcul du prix de vente	Ajouter la marge bénéficiaire souhaitée au coût unitaire du produit pour obtenir le prix de vente.
Étape 4 : Surveillance des coûts	Surveiller régulièrement les coûts associés à la production, à la promotion et à la distribution pour s'assurer que les coûts réels restent en ligne avec les coûts estimés.
Étape 5 : Révision des prix	Si les coûts augmentent ou diminuent considérablement, il peut être nécessaire de réviser les prix pour maintenir la marge bénéficiaire désirée.

Étape 6 : Analyse de la rentabilité	Effectuer régulièrement une analyse de la rentabilité pour s'assurer que les produits génèrent suffisamment de bénéfices pour justifier leur production et leur distribution.

Ce tableau permet de visualiser les différentes étapes du processus de gestion des coûts et des prix à long terme pour s'assurer que les produits génèrent suffisamment de bénéfices pour l'entreprise.

Analyse des marges et de la rentabilité

Éléments financiers	Montant
Chiffre d'affaires total	XXX
Coût des ventes	XXX
Marge brute	XXX
Frais généraux	XXX
Résultat d'exploitation	XXX
Charges financières	XXX

Résultat avant impôt	XXX
Impôts sur les bénéfices	XXX
Résultat net	XXX
Nombre d'actions en circulation	XXX
Bénéfice par action	XXX
Rentabilité des capitaux propres	XXX
Rentabilité de l'actif total	XXX

Le tableau présente les différents éléments financiers à prendre en compte dans l'analyse des marges et de la rentabilité.

Le chiffre d'affaires total correspond au montant total des ventes de l'entreprise sur une période donnée.

Le coût des ventes correspond aux coûts associés à la production et à la vente des produits ou services de l'entreprise.

La marge brute représente la différence entre le chiffre d'affaires et le coût des ventes.

Les frais généraux représentent les dépenses engagées par l'entreprise pour assurer son fonctionnement.

Le résultat d'exploitation correspond à la différence entre la marge brute et les frais généraux. Les charges financières représentent les intérêts et autres frais liés à la dette de l'entreprise.

Le résultat avant impôt correspond à la différence entre le résultat d'exploitation et les charges financières.

Les impôts sur les bénéfices correspondent aux impôts payés par l'entreprise sur ses bénéfices.

Le résultat net correspond au bénéfice net de l'entreprise après paiement des impôts.

Le nombre d'actions en circulation est le nombre total d'actions émises par l'entreprise.

Le bénéfice par action correspond au résultat net divisé par le nombre d'actions en circulation.

La rentabilité des capitaux propres correspond au bénéfice net divisé par les capitaux propres de l'entreprise.

La rentabilité de l'actif total correspond au bénéfice net divisé par l'actif total de l'entreprise.

Optimisation des coûts et des prix

Étape	Description	Objectif	Coûts	Prix de vente

1	Analyse des coûts	Identifier les coûts associés à la production ou la prestation de services	Réduire les coûts et augmenter la rentabilité	Coûts directs, coûts indirects, coûts fixes, coûts variables
2	Analyse des prix de vente des concurrents	Identifier les prix pratiqués par les concurrents	S'aligner sur les prix du marché ou proposer un prix plus attractif	
3	Détermination du prix de revient	Calculer le coût total de production ou de prestation de services	Connaître le coût réel pour déterminer le prix de vente	Coûts directs, coûts indirects, coûts fixes, coûts variables
4	Détermination de la marge bénéficiaire	Calculer la différence entre le prix de vente et le prix de revient	Déterminer le montant de la marge bénéficiaire	-
5	Établissement du prix de vente	Ajouter la marge bénéficiaire au prix de revient	Déterminer le prix de vente final	-
6	Suivi des coûts et des prix de vente	Analyser les résultats et ajuster si nécessaire	Maintenir une rentabilité optimale	Coûts directs, coûts indirects, coûts fixes, coûts variables

Ce tableau présente les différentes étapes pour optimiser les coûts et les prix, ainsi que les objectifs, les coûts et les prix associés à chaque étape.

La gestion des stocks et des approvisionnements est une fonction clé de la chaîne d'approvisionnement d'une entreprise. Elle vise à assurer que les niveaux de stocks sont suffisants pour répondre aux besoins de production et de vente, tout en minimisant les coûts associés aux stocks et aux approvisionnements.

Chers amis lecteurs,

Merci d'avoir pris le temps de lire mon livre. Votre soutien et vos retours sont précieux. Si vous avez trouvé ce livre utile ou émouvant, je vous encourage à laisser un commentaire sur la page du produit où vous l'avez acheté. Votre avis peut aider d'autres personnes et faire connaître ce livre à un plus large public.

Merci de tout cœur,

Kpindotchin Cléopâtre Ouattara

academiecreateurs@gmail.com

Si vous avez des avis à me transmettre sur le sujet ou sur certains éléments du livre, n'hésitez pas à m'écrire à cette adresse email.

Vos retours pourront contribuer à diffuser le maximum d'informations.

Du même auteure

"Guide du Business Plan	"À la recherche du Masque Sacré"	"Paris Enchanté"	"Optimisation des Coûts en Entreprise"
"Le Business Model"	"Comprendre l'Éjaculation Précoce"	"Modèle de Business Plan à Remplir"	"Guide à l'Apprentissage de l'Anglais"

LIEN VERS NOS RÉSEAUX

Suivez notre chaîne WhatsApp et YouTube en scannant les codes QR ci-dessous : Vous serez ainsi toujours informé de nos dernières actualités et contenus !

www.academiedescreateursdentreprise.com

www.ouattaracleopatre.com

ACADÉMIE DES CRÉATEURS D'ENTREPRISE

Compte professionnel WhatsApp

Scannez ce code pour démarrer une discussion WhatsApp avec ACADÉMIE DES CRÉATEURS D'ENTREPRISE.

THE END

L'aventure entrepreneuriale ne se limite pas aux échecs et aux défis. Elle s'épanouit avec la résilience et l'espoir de ceux qui se relèvent, prêts à tracer un nouveau chemin vers le succès.